今すぐ使えるかんたん mini

ScanSnap 徹底活用技

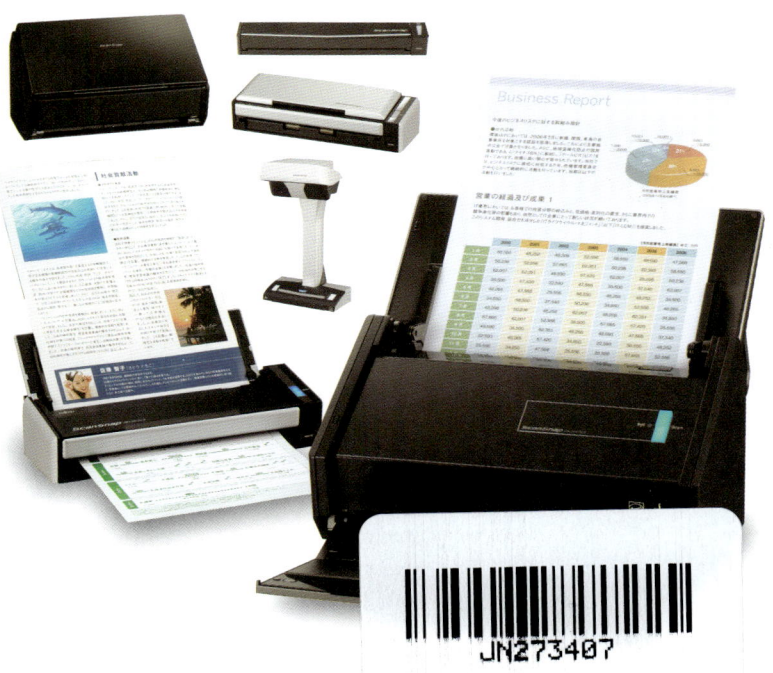

技術評論社

ScanSnapで何ができる?

1 ScanSnapとは?

ScanSnapは、PFUから発売されている「ドキュメントスキャナ」です。紙の書類や書籍を取り込んで(スキャン)デジタル化し、パソコンなどにデータ(ファイル)として保存することができます。

ドキュメントスキャナ

ドキュメントスキャナとは、書類の取り込みを得意とするスキャナのことです。一般的には、コピー機のように連続して書類の紙送りができる「オートドキュメントフィーダ」(ADF)が搭載されたものを指します。

紙の書類のデジタル化

デジタル化とは、紙に印刷された情報を、画像などの「ファイル」に変換して保存することを意味します。印刷された内容をそのまま画像ファイルとして保存したり、文字部分をテキストデータに変換して保存したりできます。

紙の書類をデジタル化して
画像やPDFファイルに変換

2 ScanSnapのメリット

ScanSnapには、通常のフラットベッドタイプのスキャナにはないメリットがたくさんあります。これらのメリットを生かせば、日々の仕事や身のまわりの整理を効率的に行うことが可能です。

大量の書類を素早く連続スキャンできる

ScanSnapシリーズのうち、iX500/S1300iの両モデルにはADFが標準搭載されており、複数枚の書類を連続してスキャンできます。1枚ずつ書類をセットしなくて済むので、効率よく短時間でデジタル化を行えます。

大量の書類

書類の表裏を一度にスキャンできる

ScanSnap iX500/S1300iでは書類の表裏両面を一度にスキャンすることが可能です。片面だけスキャンするのと比べ、手間が半分になるので、快適に取り込み作業を行うことができます。

まとめてスキャンできる

付属ソフトが豊富

付属ソフトが豊富に用意されているのもScanSnapの魅力です。スキャンしたデータを整理／閲覧するソフトや、名刺管理、PDF編集、画像からテキストデータを抽出するOCRなど、便利なソフトが揃っています。

スキャンデータを用途に合わせて保存／変換できる

書類をスキャンしてデジタル化しよう

1 大量の書類をスッキリ整理！省スペース化にも役立つ

紙の書類や書籍は、大量の保管場所を必要とします。書籍をデジタル化すれば、保管スペースを大幅に節約することができます。また、検索もしやすくなり、必要な情報を必要なときに素早く取り出すことができるようになります。

保管スペースの節約

たまった書類や書籍をScanSnapでデジタル化し、スキャン済みの書類を処分すれば、保管用のスペースが大幅に節約できます。本棚などの設置スペースを縮小し、別の用途に活用できるため、オフィスや自室をより広々と利用できます。

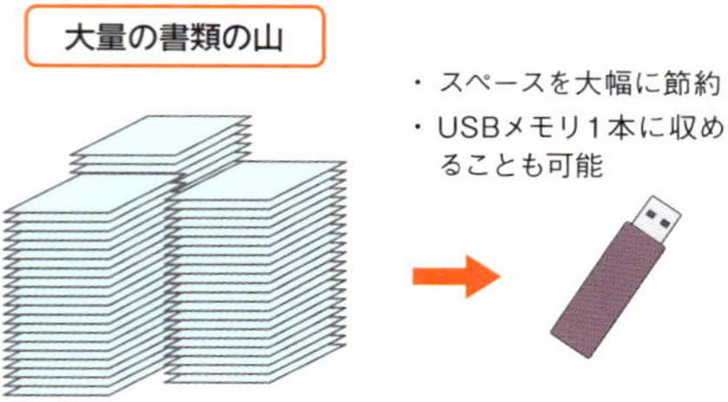

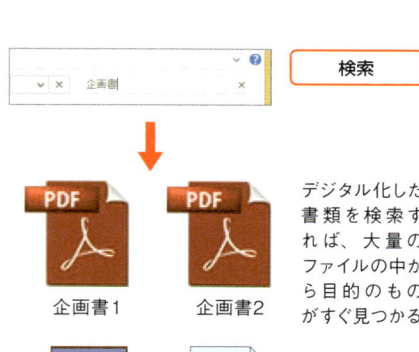

大量の書類の山
・スペースを大幅に節約
・USBメモリ1本に収めることも可能

整理／検索が容易

書類などをデジタル化しておけば、必要なデータを必要なときに素早く取り出せます。ファイル名での検索が行えるほか、OCRソフトを使ってスキャンした文字をテキストデータ化しておけば、必要な情報が含まれるファイルを検索により手軽に見つけることができます。

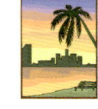

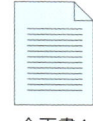

検索
企画書
PDF
企画書1
企画書2
企画書3
企画書4
デジタル化した書類を検索すれば、大量のファイルの中から目的のものがすぐ見つかる

2 スキャンしたデータは手軽に編集/活用できる

紙の書類/書籍をデジタル化してしまえば、メールへの添付やファイル共有、Office文書への貼り付けなど、さまざまな活用が可能となります。またスマートフォンで閲覧したり、USBメモリで持ち運ぶといったこともできます。

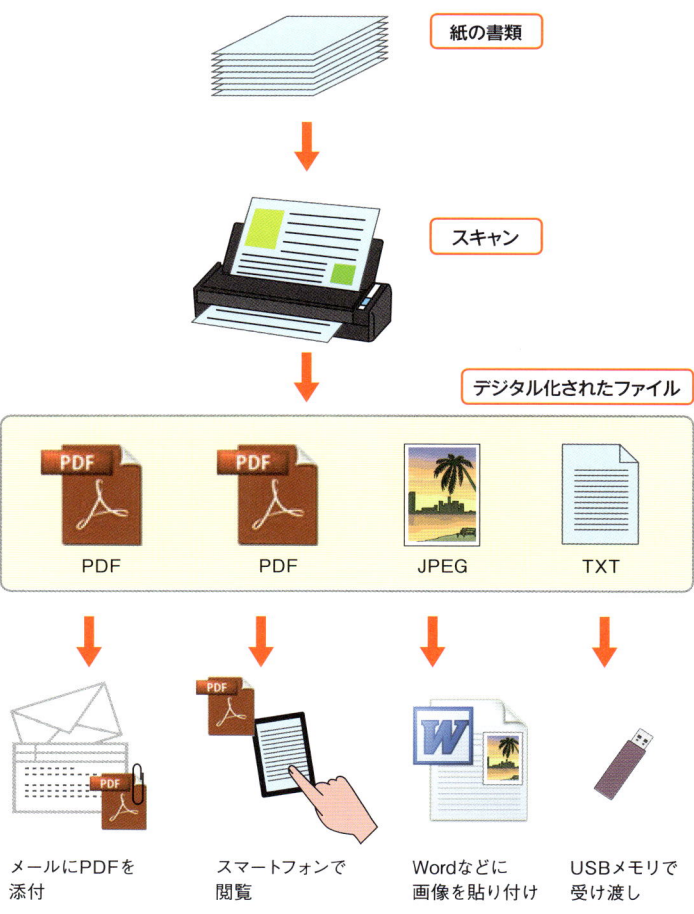

デジタルデータならば多彩な活用が可能

ScanSnapのラインナップ

1 用途別に多彩なラインナップが用意されている

ScanSnapシリーズは、用途ごとにラインナップが分かれています。高速読み取りが可能なハイエンドモデル、手軽に利用できるミドルレンジモデル、持ち運びに適したモデル、そして書籍を見開き状態でそのまま取り込めるモデルなど、多彩なラインナップが用意されています。

ScanSnap iX500

高速読み取りが可能なハイエンドモデルです。原稿を最大50枚セットできるほか、無線LANを使ってスマートフォンなどにスキャンデータを送る機能にも対応しています。

読取速度▶A4 両面カラー25枚／分　原稿搭載枚数▶最大50枚　読取方式▶両面同時読み取り　対応原稿▶A3サイズ対応(A3キャリアシートを使用)

ScanSnap S1300i

iX500よりもコンパクトな低価格モデルです。パソコンのUSBポートから電力を供給できる「USBバスパワー駆動」対応で、手軽に利用できる標準的な製品です。

読取速度▶A4 両面カラー12枚／分　原稿搭載枚数▶最大10枚　読取方式▶両面同時読み取り　対応原稿▶A4サイズ対応　USBバスパワー駆動

ScanSnap S1100

コンパクトで持ち歩きも可能な小型モデルです。原稿は1枚ずつセットする方式で、片面のみの読み取りに対応。パソコンのUSBポートから電源供給が可能です。

読取速度▶A4 片面カラー7.5秒／枚　原稿搭載枚数▶1枚送り機構　読取方式▶片面読み取り　対応原稿▶A3サイズ対応(A3キャリアシートを使用)　USBバスパワー駆動

ScanSnap SV600

書画カメラやOHPのように、本体上部のカメラを使って原稿を電子化するモデルです。書籍を裁断することなくスキャンすることが可能です。A3横サイズまでの原稿を読み取れます。また、複数の名刺を一度にスキャンしてまとめて名刺管理ソフトで読み取ることも可能です。

読取速度▶3秒／枚(ファインまたはスーパーファイン)　原稿搭載枚数▶1枚　読取方式▶片面読み取り(オーバーヘッド読取方式)　対応原稿▶A3サイズ対応

通常版と Deluxe 版の違い

ScanSnap シリーズには「ScanSnap iX500 Deluxe」のように、製品名に「Deluxe」と付いたモデルがあります。Deluxe 版は、ファイリングソフトウェア「楽^{2}ライブラリ Smart with Magic Desktop」(Windows 専用)が同梱されています。「楽^{2}ライブラリ Smart with Magic Desktop」については P.98 で詳しく解説しています。

第1章 ScanSnapの基本 15

- Section 01 **ScanSnapの付属ソフトをインストールしよう** 16
  付属DVD-ROMからソフトをインストールする
- Section 02 **ScanSnapをパソコンに接続しよう** 18
  ScanSnapをパソコンに接続する
- Section 03 **ScanSnapの付属ソフトを確認しよう** 20
  インストールしたソフトを確認する／ScanSnapシリーズの付属ソフトの内容
- Section 04 **ScanSnapで書類をスキャンしてみよう** 22
  書類のスキャンを行う／スキャンした書類を保存する
- Section 05 **スキャンしたデータをパソコンで見てみよう** 24
  スキャンした書類を表示する／書類の表示サイズを変更する
- Section 06 **スキャンしたデータをスマートフォンやタブレットで見てみよう** 26
  「モバイルに保存」の設定を行う／iPhone／iPadにアプリをインストールする／Android端末にアプリをインストールする／スマートフォン／タブレットにデータを転送する
- Section 07 **ScanSnapを無線LANに接続しよう** 30
  ScanSnap iX500の無線LAN設定を行う
- Section 08 **iPhone／iPadからScanSnapでスキャンしよう** 32
  iPhone／iPadでスキャンを行う
- Section 09 **Andoroid端末からScanSnapでスキャンしよう** 34
  Androidスマートフォン／タブレットでスキャンを行う
- Section 10 **ScanSnapの読み取り設定を変更しよう** 36
  ScanSnap Managerで読み取り設定を変更する／スキャン後の起動アプリを選択する／ファイルの保存先を変更する／読み取りモードの設定を行う／ファイル形式を選択する／原稿のサイズを指定する／ファイルの圧縮率を指定する
- Section 11 **読み取り設定を保存して選べるようにしよう** 40
  読み取り設定を保存する

第2章 スキャンデータの整理 …… 41

- Section 12 **スキャンデータの種類を知ろう** …… 42
  PDF形式とJPEG形式のメリット／デメリット／保存形式を選んでスキャンする

- Section 13 **スキャンデータの保存先を変更しよう** …… 44
  スキャン実行前にファイルの保存先を変更する／スキャン実行後にファイルの保存先を変更する

- Section 14 **スキャンデータを整理しよう** …… 46
  キャビネットとフォルダでファイルを整理する／キーワード機能でファイルを整理する

- Section 15 **「ScanSnap Folder」を活用しよう** …… 50
  ScanSnap Folderを活用する

- Section 16 **ページ内の文字を検索できるようにしよう** …… 52
  PDFファイルを検索可能にする／スキャン済みのPDFファイルを検索可能にする

- Section 17 **ページの向きや傾きを直そう** …… 54
  ページを回転する／ページの傾きを補正する

- Section 18 **ページを削除／挿入しよう** …… 56
  不要なページを削除する／PDFファイルに別のPDFファイルを挿入する

- Section 19 **ページの順序を入れ替えよう** …… 58
  ページの順序を入れ替える／複数ページをまとめて入れ替える

- Section 20 **ページをコピー&ペーストしよう** …… 60
  ページをコピー&ペーストする

- Section 21 **ページをトリミングしよう** …… 62
  ページをトリミングする

- Section 22 **ほかのPDFファイルも管理しよう** …… 64
  ScanSnap以外のPDFファイルを登録する

第3章 スキャンデータの活用 65

Section 23 名刺をスキャンして整理しよう 66
名刺をスキャンするための設定を行う／名刺ファイリングOCRで名刺を管理する／名刺ファイリングOCRで名刺を活用する／CardMinderで名刺を管理する

Section 24 新聞記事を効率よくスキャンしよう 70
新聞スキャン時の設定を行う／マーカー切り出し機能で必要な部分だけスキャンする

Section 25 ビジネス書類をスキャンしよう 72
ScanSnapでビジネス書類をスキャンする／スキャンした文書をメールで送信する／マーカー機能でファイルにキーワードを設定する／キーワードを編集する

Section 26 スキャンしたビジネス書類をOfficeファイルに変換しよう 76
PDFファイルをWordファイルに変換する／PDFファイルをExcelファイルに変換する

Section 27 スキャンしたビジネス書類を活用しよう 78
検索可能なPDFからテキストを抜き出す／PDFファイルを画像に変換して活用する

Section 28 マニュアルやパンフレットをスキャンしよう 80
製品マニュアルをスキャンする／ファイル名を変更してわかりやすくする

Section 29 手書きのメモをスキャンしよう 82
手書きメモをスキャンする

Section 30 紙焼き写真をスキャンしよう 84
紙の写真をスキャンする

Section 31 スキャンデータをクラウドで管理しよう 86
クラウドサービスの仕組み／ScanSnapと組み合わせて利用できるクラウドサービス

Section 32 身近なものをスキャンしておこう 88
身の周りのさまざまなものをスキャンする

Section 33 アルバムソフトでスキャンデータを管理しよう 90
フォトギャラリーで画像を管理する

Section 34 e-文書法に対応した設定でスキャンしよう 92
「e-スキャンモード」を設定する／設定を確認してファイルを作成する

Section 35	**案内状やはがきをスキャンしよう** ······················ 94
	郵便物をスキャンする
Section 36	**レシートをスキャンして家計簿に自動記録しよう** ········ 96
	やさしく家計簿 エントリー2 for ScanSnapを使う
Section 37	**楽²ライブラリSmartでスキャンデータを管理しよう** ·· 98
	楽²ライブラリSmartを使う／バインダを管理する

第4章 Acrobatの活用 ···················· 101

Section 38	**Acrobatで本格的なPDF編集を行おう** ············· 102
	Acrobatをインストールする
Section 39	**ScanSnap OrganizerからAcrobatを起動しよう** ············· 104
	ScanSnap OrganizerからAcrobatを起動する
Section 40	**ページの余白をカットしよう** ······················· 106
	Acrobatでページの余白をカットする
Section 41	**書類の綴じ方向を指定しよう** ······················· 108
	書類の綴じ方向を変更する
Section 42	**ページ番号を修正しよう** ······························ 110
	元の書類とPDFファイルのページ番号の関係を知る／ページ番号を変更する
Section 43	**PDFファイルを結合／分割しよう** ···················· 112
	PDFファイルを結合する／PDFファイルから一部分だけ抜き出す
Section 44	**PDFファイルを圧縮しよう** ··························· 114
	PDFファイルを圧縮してサイズを小さくする
Section 45	**注釈機能やハイライト機能を活用しよう** ············ 116
	注釈を入れる／ハイライトを入れる
Section 46	**しおり機能を活用しよう** ······························ 118
	しおりを入れる／しおりを管理する
Section 47	**PDFファイルをJPEGファイルに変換しよう** ········· 120
	PDFファイルをJPEGファイルとして保存する
Section 48	**PDFファイルをグレースケールに変換しよう** ········ 122
	PDFファイルをグレースケールに変換する

Section 49 **PDFファイルをコピー禁止／印刷禁止にしよう**……124
PDFファイルにセキュリティを設定する

Section 50 **PDFファイルにパスワードを設定しよう**……126
PDFファイルにパスワードを設定する

Section 51 **高速なPDFビューアを使ってみよう**……128
ダウンロードと関連付け

第5章 Dropboxとの連携 …… 129

Section 52 **Dropboxとは?** ……130
Dropboxの仕組みを理解する／Dropboxをダウンロード／インストールする

Section 53 **Dropboxのアカウントを作成しよう**……132
Dropboxのアカウントを作成する／Dropboxの容量を追加する

Section 54 **Dropboxにデータを保存しよう**……134
ScanSnapからDropboxにデータを保存する／Dropboxフォルダ内のファイルを参照する

Section 55 **Dropboxのデータを閲覧しよう**……136
WebブラウザからDropboxを操作する／Webブラウザからファイルをダウンロード／アップロードする

Section 56 **Dropboxのデータをi Phone／iPadで閲覧しよう**……138
iPhone／iPadでDropboxを利用する

Section 57 **Dropboxのデータを GoodReaderで閲覧しよう**……140
GoodReaderでDropboxを閲覧する

Section 58 **DropboxのデータをAndroidで閲覧しよう**……142
AndroidでDropboxを利用する

Section 59 **Dropboxをフォルダで管理しよう**……144
Dropboxで同期するフォルダを指定する／Dropboxユーザーとフォルダを共有する

Section 60 **スキャンしたデータを自動でDropboxに保存しよう**……146
ScanSnapのデータを自動でDropboxに保存する

第6章 Evernoteとの連携 …… 147

- Section 61 **Evernoteとは?** …… 148
  Evernoteの仕組みを理解する／Evernoteの最新版を入手する
- Section 62 **Evernoteのアカウントを作成しよう** …… 150
  Evernoteのアカウントを作成する／プレミアムアカウントにアップグレードする
- Section 63 **Evernoteにデータを保存しよう** …… 152
  EvernoteにPDFで保存する／Evernoteに画像として保存する
- Section 64 **Evernoteのデータを閲覧しよう** …… 154
  Evernoteのデータを閲覧する／Webブラウザからサインインする
- Section 65 **Evernoteのデータをタグで管理しよう** …… 156
  タグによる管理とは?／Evernoteのデータをタグで管理する
- Section 66 **Evernoteのデータをi Phone／iPadで閲覧しよう** …… 158
  iPhone／iPadでEvernoteを利用する
- Section 67 **EvernoteのデータをAndroidで閲覧しよう** …… 160
  AndroidでEvernoteを利用する
- Section 68 **Evernoteで名刺を管理しよう** …… 162
  Evernoteで名刺を検索する／Evernoteで名刺を管理する
- Section 69 **Evernoteで記事をスクラップしよう** …… 164
  新聞記事をEvernoteにスクラップする
- Section 70 **DropboxとEvernoteを使い分けよう** …… 166
  Dropboxを利用するのはこんなとき／Evernoteを利用するのはこんなとき
- Section 71 **スキャンしたデータを自動でEvernoteに保存しよう** …… 168
  ScanSnapのデータを自動でEvernoteに保存する

第7章 紙の書籍のデジタル化 …… 169

- Section 72 **書籍のデジタル化「自炊」とは?** …… 170
  自炊とは何か?／自炊の流れ

Section 73	**書籍を裁断しよう[平綴じ本編]** ……172

背表紙を切り落とす／分解して裁断する

Section 74	**書籍を裁断しよう[中綴じ本編]** ……174

裁断のポイント／中綴じ本を裁断する

Section 75	**書籍を裁断するコツを知ろう**……176

裁断機を選ぶ／書籍別の裁断テクニック

Section 76	**裁断した書籍をスキャンしよう** ……178

スキャンの設定を行う／スキャンを行う

Section 77	**スキャンした書籍のPDFファイルを調整しよう** ……180

ページの削除とページ番号の調整を行う／ページの回転やファイル名の変更を行う

Section 78	**スキャンした書籍をスマートフォンや タブレットで閲覧しよう**……182

i文庫HDでPDFファイルを読む

Section 79	**スキャンした書籍をKindleで閲覧しよう** ……184

Kindle Paperwhiteで自炊した書籍を読む

付録
こんなときどうする？　ScanSnap FAQ ……186
索引 ……190

ご注意：ご購入・ご利用の前に必ずお読みください

●本書に記載した内容は、情報の提供のみを目的としています。したがって、本書を用いた運用は、必ずお客様自身の責任と判断によって行ってください。これらの情報の運用の結果について、技術評論社および著者はいかなる責任も負いません。

●ソフトウェアに関する記述は、特に断りのない限り、2014年5月現在での最新バージョンをもとにしています。ソフトウェアはバージョンアップされる場合があり、本書での説明とは機能内容や画面図などが異なってしまうこともあり得ます。あらかじめご了承ください。

●本書はScanSnap iX500、SV600、S1300i、S1100を対象にしていますが、操作解説はiX500およびWindows 8.1で行っています。他の機種やOSでは操作方法などが異なる場合もあります。また、インターネットの情報については、URLや画面などが変更されている可能性があります。ご注意ください。

以上の注意事項をご承諾いただいたうえで、本書をご利用願います。これらの注意事項をお読みいただかずに、お問い合わせいただいても、技術評論社および著者、アプリの開発者は対処しかねます。あらかじめ、ご承知おきください。

■本書に掲載した会社名、プログラム名、システム名などは、米国およびその他の国における登録商標または商標です。本文中では、™、®マークは明記していません。

第1章

ScanSnapの基本

Sec.01 ScanSnapの付属ソフトをインストールしよう
Sec.02 ScanSnapをパソコンに接続しよう
Sec.03 ScanSnapの付属ソフトを確認しよう
Sec.04 ScanSnapで書類をスキャンしてみよう
Sec.05 スキャンしたデータをパソコンで見てみよう
Sec.06 スキャンしたデータをスマートフォンやタブレットで見てみよう
Sec.07 ScanSnapを無線LANに接続しよう
Sec.08 iPhone／iPadからScanSnapでスキャンしよう
Sec.09 Andoroid端末からScanSnapでスキャンしよう
Sec.10 ScanSnapの読み取り設定を変更しよう
Sec.11 読み取り設定を保存して選べるようにしよう

第1章 ScanSnapの基本

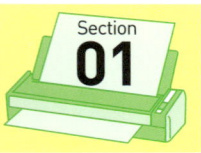

ScanSnapの付属ソフトを
インストールしよう

ScanSnapを使い始めるには、まずはパソコンにScanSnapのドライバーと付属ソフトをインストールする必要があります。付属のDVD-ROMをドライブに入れて、DVD-ROMのメニューにしたがってインストールを進めましょう。

1 付属DVD-ROMからソフトをインストールする

1 付属の「Setup DVD-ROM」をドライブに挿入します。

2 Windows 8.1で自動再生がONになっている場合は、画面右上に通知が表示されるので、これをクリックし、

3 続けて表示されるダイアログボックスの<ScanSnap.exeの実行>をクリックします。

4 <インストール>をクリックします。

5 <ScanSnap>をクリックします。

Memo

ユーザーアカウント制御画面が表示された場合

手順 **5** のあとにユーザーアカウント制御画面が表示された場合は、<はい>をクリックします。また、手順 **4** の画面は、DVD-ROMのアイコンをダブルクリックし、ファイル内にある<ScanSnap.exe>をダブルクリックしても表示することができます。

6 セットアップ画面が表示されるので、<次へ>をクリックし、

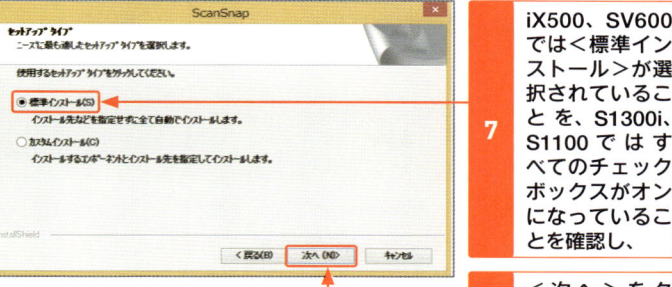

7 iX500、SV600では<標準インストール>が選択されていることを、S1300i、S1100ではすべてのチェックボックスがオンになっていることを確認し、

8 <次へ>をクリックします。

9 以降は、使用許諾契約に同意するなど、画面の指示にしたがってインストール作業を進めていきます。

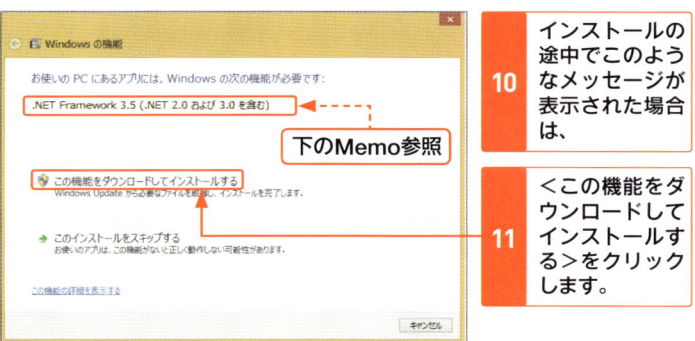

10 インストールの途中でこのようなメッセージが表示された場合は、

下のMemo参照

11 <この機能をダウンロードしてインストールする>をクリックします。

12 引き続き、画面の指示にしたがって作業を進め、インストールの完了画面が表示されたら、インストールは完了です。<完了>をクリックしてください。

Memo

.NET Framework とは？

ScanSnap のドライバーを導入している途中で、「.NET Framework3.5 SP1」が必要という警告画面が表示されることがあります。「.NET Framework」とは、マイクロソフトが開発した、アプリケーションの実行のために必要なプログラムの集まりのことです。メッセージが表示されたら、メニューにしたがってダウンロードとインストールを行ってください。

第1章 ScanSnapの基本

Section 02 ScanSnapをパソコンに接続しよう

ドライバーと付属ソフトのインストールが終了したら、ScanSnapとパソコンの接続を行います。まず電源ケーブルを接続してから、USBケーブルでパソコンとScanSnapを接続し、ScanSnapの電源を入れれば接続完了です。

1 ScanSnapをパソコンに接続する

1 iX500ではドライバーのインストール後、次のような画面が表示されます。

2 ACアダプターの電源ケーブルを、ScanSnapの電源コネクターとコンセントに接続します。

3 USBケーブルをScanSnapとパソコンのUSBコネクタに接続します。

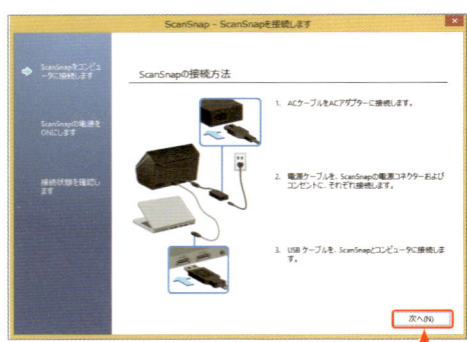

4 <次へ>をクリックします。

5 次のような画面が表示されます。

> **Memo**
> **本書での使用機器**
> 本書ではScanSnap iX500を例に解説していますが、他機種でもほぼ同様の操作で接続設定が行えます。詳しくは、各機種のマニュアルを参照してください。

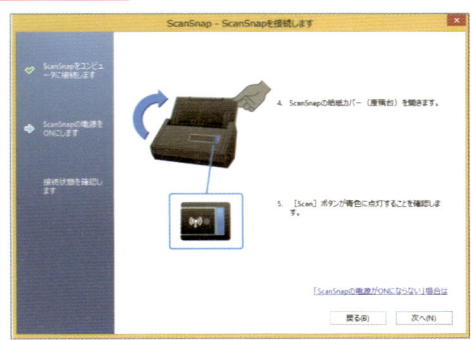

6	ScanSnap の給紙カバーを開きます。
7	電源がオンになります。
8	手順 5 の画面で<次へ>をクリックします。

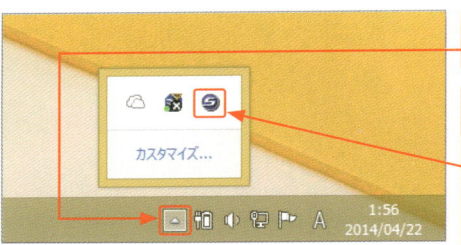

9	ここをクリックします。
10	ScanSnap がパソコンに認識されると、タスクバー上に ScanSnap Manager のアイコン が表示されます。

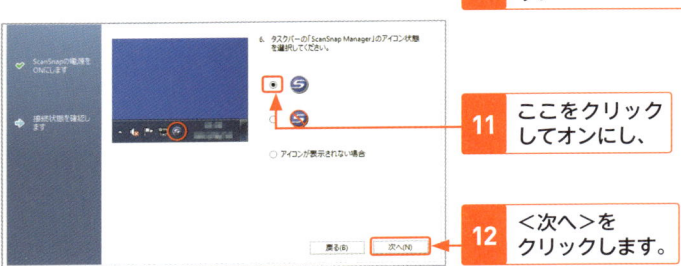

11	ここをクリックしてオンにし、
12	<次へ>をクリックします。

13	次の画面で<完了>をクリックすると、接続は完了します。

📝 Memo

無線 LAN の設定

このあと、ScanSnap iX500 では無線 LAN の設定を行うかどうかの画面が表示されますが、ここでは<後で>をクリックします。無線 LAN の設定については P.30 を参照してください。

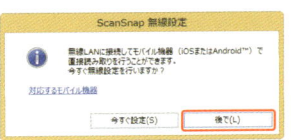

第1章 ScanSnapの基本

Section 03

ScanSnapの付属ソフトを確認しよう

ScanSnapシリーズには、スキャンしたデータを活用するためのさまざまなソフトが付属しています。付属DVD-ROMのメニューからインストールもしくはWebからのダウンロードが行えるので、ここで確認しておきましょう。

1 インストールしたソフトを確認する

1 Windows 8.1のスタート画面でマウスを動かすと、

2 画面左下にこのボタンが表示されるので、クリックします。

3 アプリビューに切り替わり、各アイコンをクリックすることで、それぞれのソフトを起動することができます。

Memo

インストールしたソフトのバージョン

インストールしたソフトの中で、ScanSnap ManagerとScanSnap Organizerについては、機種ごとに機能が異なります。本書ではiX500で解説を行っており、ScanSnap Managerはバージョン 6.2 L22、ScanSnap Organizerはバージョン V5.1L42 を使用しています。それ以外のバージョンのソフトでは画面図や機能などが一部異なる場合があります。なお、アプリのアップデートはアプリビュー内の<オンラインアップデート>で行えます。

2 ScanSnapシリーズの付属ソフトの内容

■ScanSnap iX500

	Windows	MacOS
ドライバー	ScanSnap Manager V6.0	ScanSnap Manager V6.0
PDF／JPEGファイル整理／閲覧ソフト	ScanSnap Organizer V5.0	―
名刺管理ソフト	CardMinder V5.0、名刺ファイリングOCR V3.2	CardMinder V5.0
PDF編集ソフト	Adobe Acrobat Standard 日本語版	―
OCRソフト	ABBYY Fine Reader for ScanSnap 5.0	ABBYY FineReader for ScanSnat 5.0
ECM連携ソフト	Scan to Microsoft SharePoint 3.4	―
家計簿ソフト	やさしく家計簿エントリー2 for ScanSnap	―
Evernoteソフト	Evernote for Windows 4.5	Evernote for Mac 3.3
ファイリングソフト	Deluxe版には「楽²ライブラリ Smart V1.0 with Magic Desktop V1.0」が付属	―

■ScanSnap S1300i／ScanSnap S1100

	Windows	MacOS
ドライバー	ScanSnap Manager V5.1	ScanSnap Manager V3.2
PDF／JPEGファイル整理／閲覧ソフト	ScanSnap Organizer V4.1	―
名刺管理ソフト	名刺ファイリングOCR V3.1	CardMinder V1.1
PDF編集ソフト	―	―
OCRソフト	ABBYY Fine Reader for ScanSnap 4.1	―
ECM連携ソフト	Scan to Microsoft SharePoint 3.4	―
家計簿ソフト	やさしく家計簿エントリー for ScanSnap V1.0	―
Evernoteソフト	Evernote for Windows 4.5	Evernote for Mac 3.3
ファイリングソフト	Deluxe版には「楽²ライブラリ Smart V1.0 with Magic Desktop V1.0」が付属	―

■ScanSnap SV600

	Windows	MacOS
ドライバー	ScanSnap Manager V6.2	ScanSnap Manager V6.2
PDF／JPEGファイル整理／閲覧ソフト	ScanSnap Organizer V5.1	―
名刺管理ソフト	CardMinder V5.0	CardMinder V5.1
PDF編集ソフト	Adobe Acrobat Standard 日本語版	―
OCRソフト	ABBYY FineReader for ScanSnap 5.0	ABBYY FineReader for ScanSnap 5.0
ECM連携ソフト	Scan to Microsoft® SharePoint 3.4	―
家計簿ソフト	やさしく家計簿 エントリー2 for ScanSnap	―
Evernoteソフト	Evernote for Windows 4.5	Evernote for Mac 3.3
ファイリングソフト	楽²ライブラリ Smart V1.0 with Magic Desktop V1.0	―

※一部のソフトは付属DVD-ROMにはなく、専用サイトからダウンロードするものもあります。

第 1 章 | ScanSnapの基本

ScanSnapで書類を スキャンしてみよう

Section 04

ScanSnapのドライバーのインストール、パソコンへの接続が終わったら、まずは試しに書類のスキャンを行ってみましょう。書類をセットして＜Scan＞ボタンを押すだけで、かんたんにスキャンを行うことができます。

1 書類のスキャンを行う

1 ScanSnapの給紙カバーを開いて、書類をセットします。

Memo

書類の表／裏

iX500、S1300iでは、スキャンする面を裏面下向きに、S1100、SV600では表面を上向きにして書類をセットします。

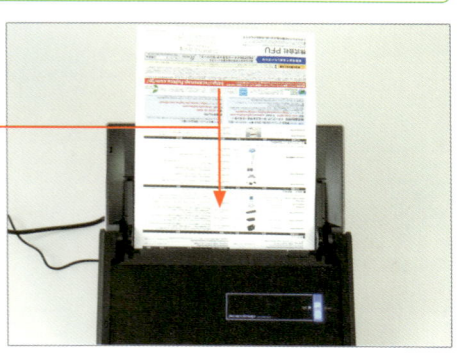

2 ＜Scan＞ボタンを押します。

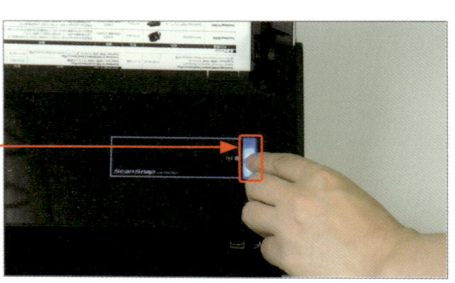

3 スキャンが始まると次のような画面が表示され、途中経過がわかります。S1100では、スキャンが終わったら＜読み取り＞をクリックします。SV600では、スキャンした原稿のイメージ修正や保存方法の選択を行います。

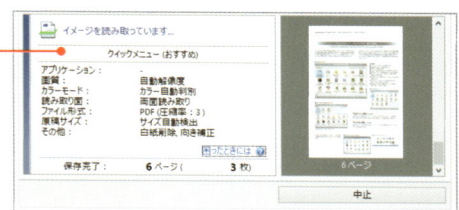

2 スキャンした書類を保存する

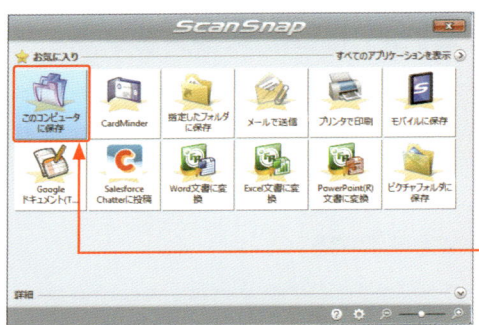

1 スキャンが終了すると、左のようなウィンドウ(クイックメニュー)が表示されます。

2 ここでは、<このコンピュータに保存>をクリックします。

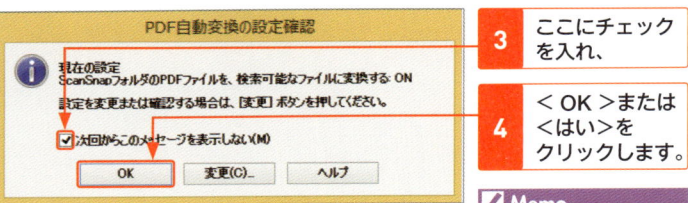

3 ここにチェックを入れ、

4 < OK >または<はい>をクリックします。

📝 Memo
オプション画面が表示された場合

手順 4 の後にオプション画面が表示された場合は、< OK >をクリックします。

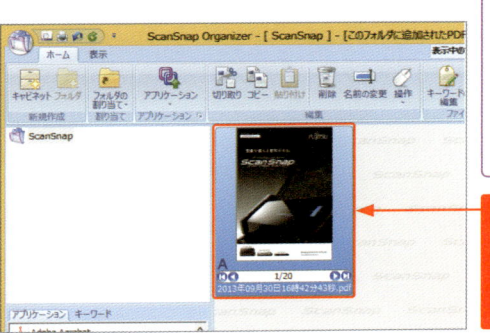

5 「ScanSnap Organizer」が起動して、スキャンした書類が登録されます。

📝 Memo
書類の向きに注意

ScanSnapは一度に複数枚の書類をスキャンできます。またScanSnap iX500とS1300iでは、表裏同時スキャンも可能です。複数枚の書類、あるいは表裏同時スキャンを行うときは書類の向きに注意しましょう。書類を下向きにして、1ページ目が一番下になるようにセットします。

第 1 章 ScanSnapの基本

Section 05 スキャンしたデータを パソコンで見てみよう

パソコンでの書類のスキャンが終了したら、きちんとスキャンが行えたかどうか確認してみましょう。付属ソフトの「ScanSnap Organizer」を使うことで、スキャンした書類を表示することができます。

1 スキャンした書類を表示する

1 Sec.04の方法でスキャンを行うか、デスクトップ上にある< ScanSnap Organizer >のアイコンをダブルクリックします。

2 スキャンして登録されたファイルをダブルクリックします。

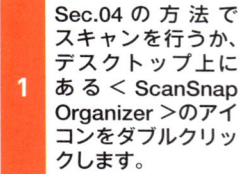

3 < ScanSnap Organizer ビューア>をクリックしてオンにし、

4 < OK >をクリックします。

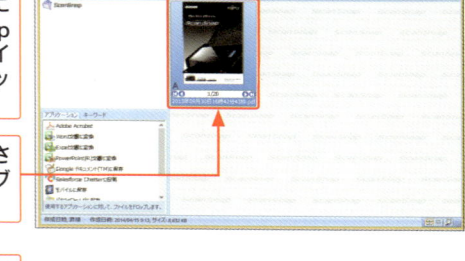

5 書類の表紙のページが ScanSnap Organizer ビューアで表示されます。

サムネイルをクリックすると表示するページを選べます。

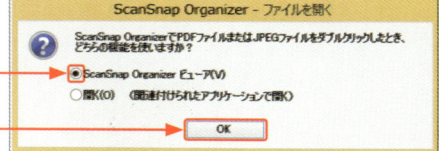

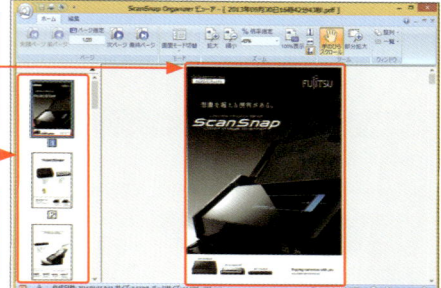

2 書類の表示サイズを変更する

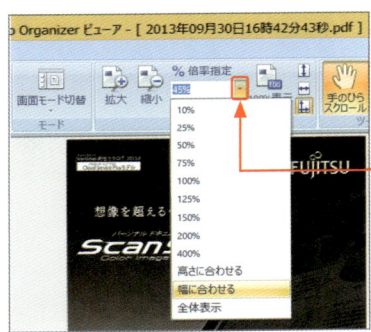

1. 書類全体の表示サイズを変更したいときは、「倍率指定」の ▼ をクリックし、好みの項目を選択します。

ここをクリックすると、画面に表示するエリアを動かすことができます。

2. 書類の任意のエリアを拡大したいときは、<部分拡大>をクリックし、

×　をクリックするとビューアが閉じます。

3. 拡大したい場所をドラッグすると、その部分が拡大されます。

スライドバーの操作でも表示倍率を変更できます。

📝 Step Up

他のアプリケーションで PDF ファイルを閲覧する

iX500、SV600 では<ホーム>タブの<アプリケーション>の 🔽 をクリックし、「オプション」の<基本設定>で<開く>をクリックしてオンにすると、「Adobe Reader」などのアプリケーションで PDF ファイルを閲覧できるようになります。

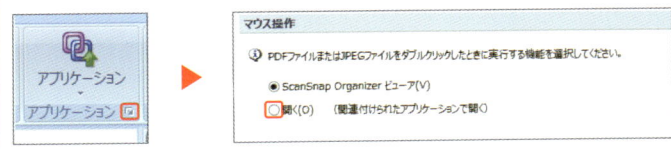

第1章 | ScanSnapの基本

Section 06

スキャンしたデータをスマートフォンやタブレットで見てみよう

ScanSnapでスキャンした書類をスマートフォンやタブレットに入れておけば、外出先などでも書類を閲覧することができて非常に便利です。ここではスキャンしたデータをモバイル端末に転送する方法を紹介します。

1 「モバイルに保存」の設定を行う

| 1 | アプリビューを表示（P.20参照）、＜モバイルに保存＞をクリックして「モバイルに保存」を起動します。 |
| 2 | ＜OK＞をクリックします。 |

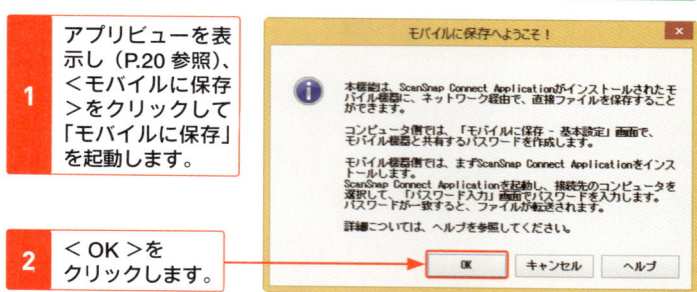

| 3 | 端末を接続するためのパスワードを2回入力し、 |
| 4 | ＜OK＞をクリックします。 |

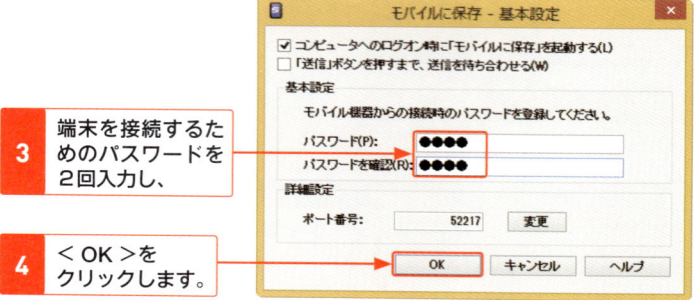

| 5 | 確認画面が表示されたら、＜OK＞をクリックします。 |

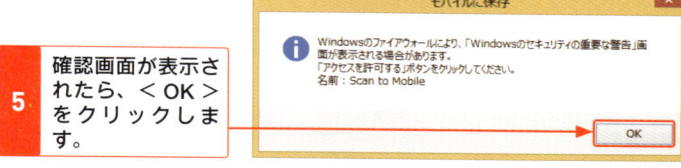

6 Windows のセキュリティ警告画面が表示されたら、

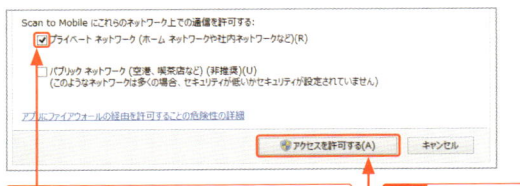

7 ＜プライベートネットワーク＞をクリックしてオンにし、

8 ＜アクセスを許可する＞をクリックします。

2 iPhone／iPadにアプリをインストールする

1 iOS 端末で「App Store」を起動し、「ScanSnap Connect Application」をインストールします。「scansnap」で検索すればかんたんに見つかります。なお、ここでの解説は iPad で行っています。手順 **3** ～ **4** が表示されない場合は、手順 **5** へ進んでください。

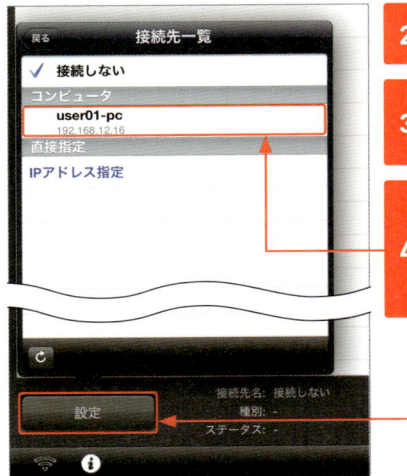

2 「ScanSnap Connect Application」を起動します。

3 ＜設定（iPhone では■）＞→＜接続先名＞をタップすると、

4 「コンピュータ」に ScanSnap を接続したパソコンが表示されるので、これをタップします。

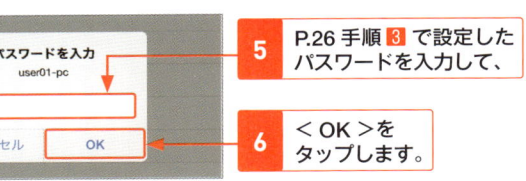

5 P.26 手順 **3** で設定したパスワードを入力して、

6 ＜ OK ＞をタップします。

3 Android端末にアプリをインストールする

1 Android 端末で Play ストアから「ScanSnap Connect Application」をインストールします。「scansnap」で検索すればかんたんに見つかります。なお、Android の端末によっては動作が異なる場合があります。手順 3 ～ 5 が表示されない場合は、手順 6 へ進んでください。

2 「ScanSnap Connect Application」を起動します。

3 <設定>をタップし、

4 <接続しない>をタップします。

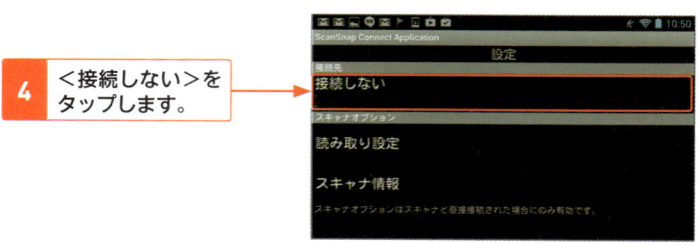

5 「接続先」に ScanSnap を接続したパソコンが表示されるので、これをタップします。

6 P.26 手順 3 で設定したパスワードを入力して、

7 < OK >をタップします。

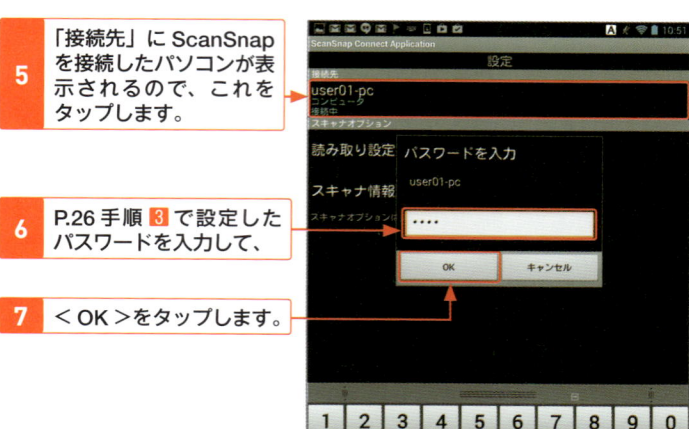

4 スマートフォン／タブレットにデータを転送する

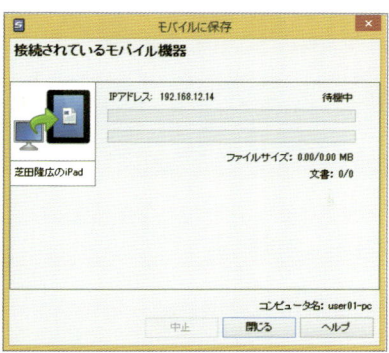

1 モバイル端末の設定が終了すると、左のような画面が表示されます。

2 書類をスキャンします。

3 このような画面が表示された場合は、＜モバイルに保存＞をクリックします。

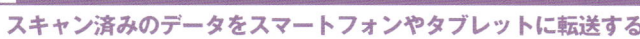

4 スマートフォン／タブレットにデータが転送されます。

📝 Memo

スキャン済みのデータをスマートフォンやタブレットに転送する

Sec.05で取り込んだスキャンデータをスマートフォンやタブレットに転送する場合は、ファイルをクリックし、＜ホーム＞タブの＜アプリケーション＞（S1300i、S1100では＜オフィス機能＞タブ）→＜モバイルに保存＞をクリックすることで行えます。

第1章 ScanSnapの基本

Section 07

ScanSnapを無線LANに接続しよう

ScanSnap iX500では無線LANを使って、直接スマートフォンやタブレットに接続することができます。パソコンがなくても、スマートフォン／タブレット用アプリから直接スキャンを行うことができるので便利です。

1 ScanSnap iX500の無線LAN設定を行う

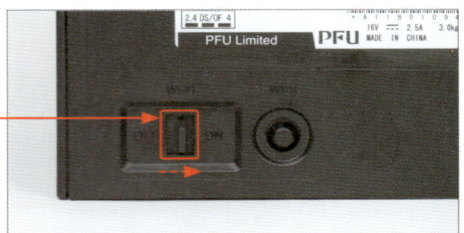

1 あらかじめScanSnap Managerを終了し、ScanSnap iX500の背面にある＜Wi-Fi＞ボタンを＜ON＞にします。

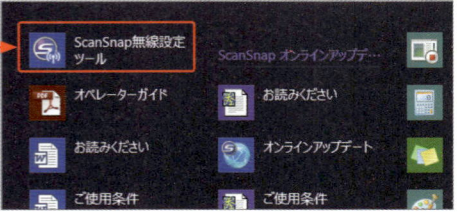

2 ScanSnap iX500を接続したパソコンで、アプリビューを表示し（P.20参照）、＜ScanSnap無線設定ツール＞をクリックします。

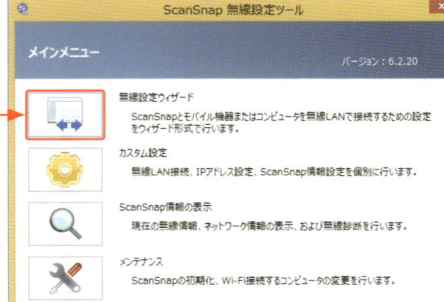

3 ＜無線設定ウィザード＞をクリックします。

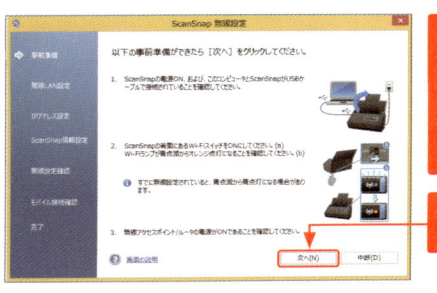

4 ScanSnap iX500 の無線 LAN と、無線 LAN アクセスポイント / ルーターの電源がオンになっていることを確認します。

5 <次へ>をクリックすると、

6 無線 LAN アクセスポイントの一覧が表示されます。

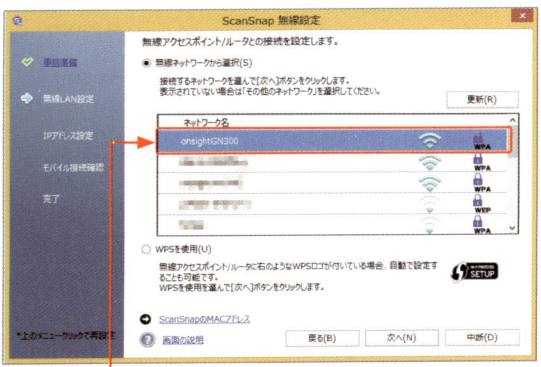

7 接続したいアクセスポイントをダブルクリックします。

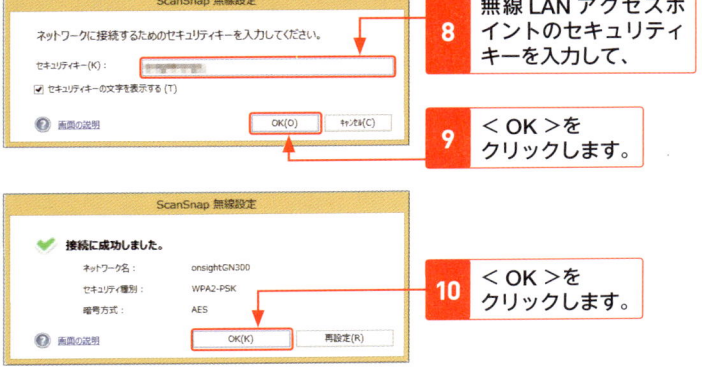

8 無線 LAN アクセスポイントのセキュリティキーを入力して、

9 < OK >をクリックします。

10 < OK >をクリックします。

第1章 ScanSnapの基本

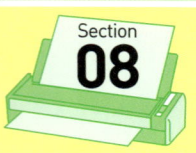

Section 08 iPhone／iPadから ScanSnapでスキャンしよう

ScanSnap iX500が無線LANに接続できたら、スマートフォンやタブレットから直接スキャンを行ってみましょう。iPhone／iPadでのスキャン操作は「ScanSnap Connect Application」アプリから行うことができます。

1 iPhone／iPadでスキャンを行う

1	前ページから手順を進めていくと、このような画面が表示されます。ScanSnapに書類をセットします。
2	＜はい＞をクリックしてオンにし、
3	＜次へ＞をクリックします。

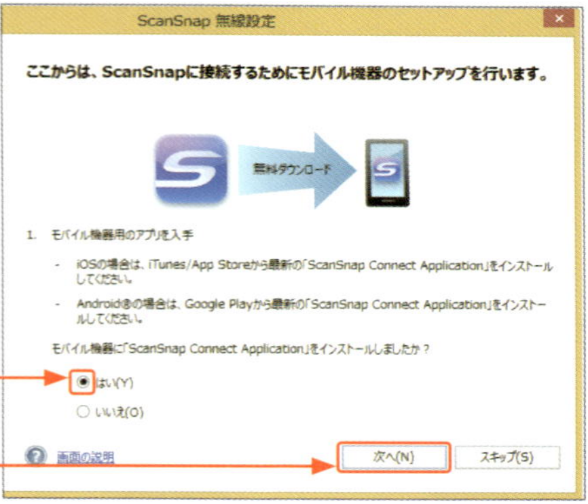

Memo

アプリのインストール

「ScanSnap Connect Application」がインストールされていない場合はApp Storeからインストールします。

4	「ScanSnap 無線設定ツール」で接続用のパスワードが表示されます。

右ページのMemo参照

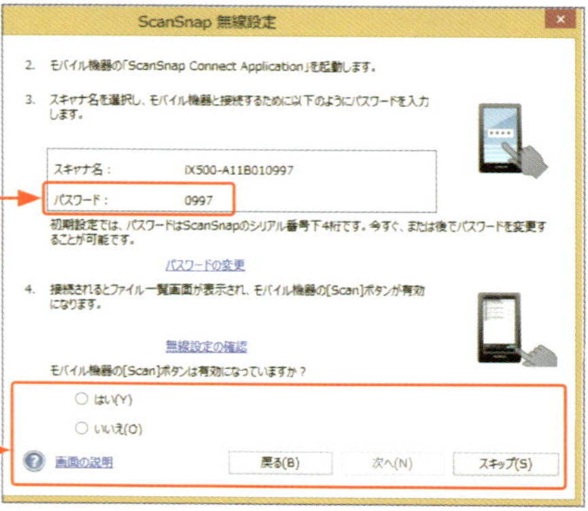

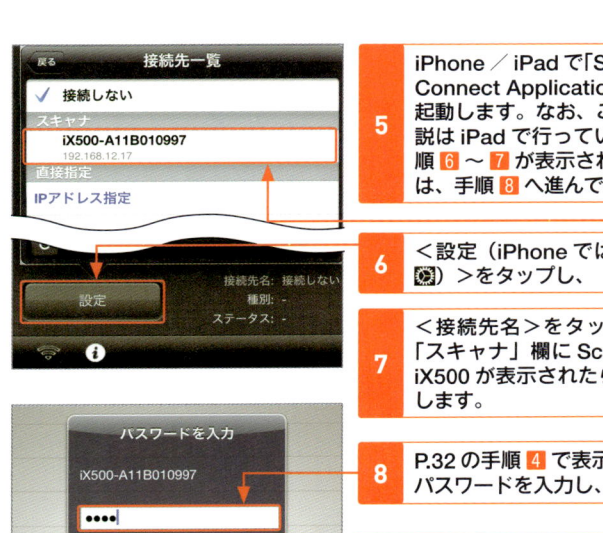

5 iPhone／iPad で「ScanSnap Connect Application」を起動します。なお、ここでの解説は iPad で行っています。手順 6 〜 7 が表示されない場合は、手順 8 へ進んでください。

6 ＜設定（iPhone では 🔧 ）＞をタップし、

7 ＜接続先名＞をタップして、「スキャナ」欄に ScanSnap iX500 が表示されたらタップします。

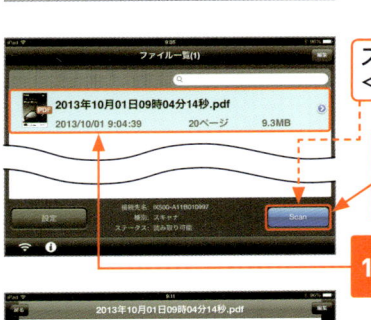

8 P.32 の手順 4 で表示されたパスワードを入力し、

9 ＜ OK ＞をタップします。

スキャンが可能な状態になると＜Scan＞ボタンが青くなります。

10 ＜ Scan ＞をタップすると、書類のスキャンが開始されます。

11 ScanSnap iX500 でスキャンしたファイルをタップすると、

12 iPhone／iPad で読むことが可能です。

📝 Memo
設定について

左ページの手順 4 で＜次へ＞などをクリックしなくてもここでのスキャンは可能です。スキャン後は画面の指示にしたがって画面を終了してください。

第 1 章　ScanSnapの基本

第 1 章 | ScanSnapの基本

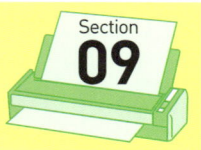

Section 09

Andoroid端末から ScanSnapでスキャンしよう

ScanSnap iX500は、Androidスマートフォンやタブレットからも無線LANを使って操作することができます。Android端末でも、iPhone／iPadと同様に「ScanSnap Connect Application」アプリを利用します。

1 Androidスマートフォン／タブレットでスキャンを行う

1 iOSのときと同様に操作を行い（P.32参照）、「ScanSnap 無線設定ツール」で接続用のパスワードを表示します。

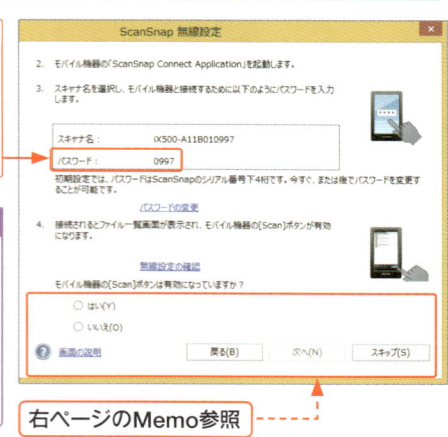

右ページのMemo参照

Memo
アプリのインストール
「ScanSnap Connect Application」がインストールされていない場合はPlayストアからインストールします。

2 AndroidスマートフォンM／タブレットで「ScanSnap Connect Application」を起動します。なお、Androidの端末によっては動作が異なる場合があります。手順 3 ～ 5 が表示されない場合は、手順 6 へ進んでください。

3 ＜設定＞をタップします。

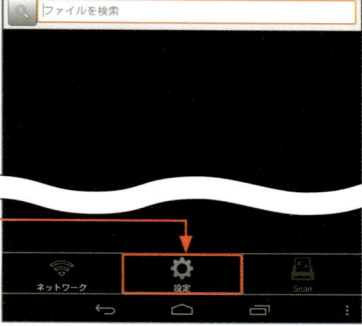

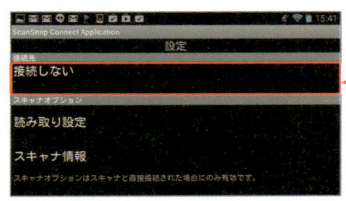

4 <接続しない>をタップします。

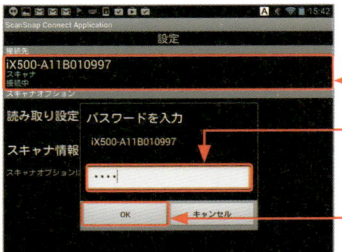

5 「接続先」に ScanSnap iX500 が表示されたらタップして、

6 P.34 の手順 1 で表示されたパスワードを入力して、

7 < OK >をタップします。

8 <戻る>ボタンを押して、手順 2 の画面に戻ります。

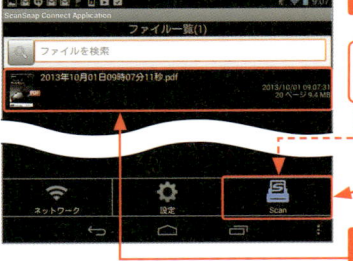

スキャンが可能な状態になると<Scan>ボタンが青くなります。

9 < Scan >をタップすると、ScanSnap iX500 で書類のスキャンが開始されます。

10 ScanSnap iX500 でスキャンしたファイルをタップすると、

11 Android 端末で読むことが可能です。

📝 Memo

設定について

左ページの手順 1 で<次へ>などをクリックしなくてもここでのスキャンは可能です。スキャン後は画面の指示にしたがって画面を終了してください。

第 1 章｜ScanSnapの基本

Section 10

ScanSnapの読み取り設定を変更しよう

ScanSnapでは、スキャン時の画質や、ファイルを保存するフォルダなど、さまざまな項目を自分の好きなように変更することができます。慣れてきたら用途に応じて設定を使い分けるとより便利にScanSnapを活用できます。

1 ScanSnap Managerで読み取り設定を変更する

1. 通知領域の アイコンを右クリックして、

2. ＜Scanボタンの設定＞をクリックします。

3. ＜おすすめ＞＜コンパクト＞＜きれい＞の中から読み取り設定を選択することができます。

4. 細かく設定したい場合は、＜詳細＞をクリックします。

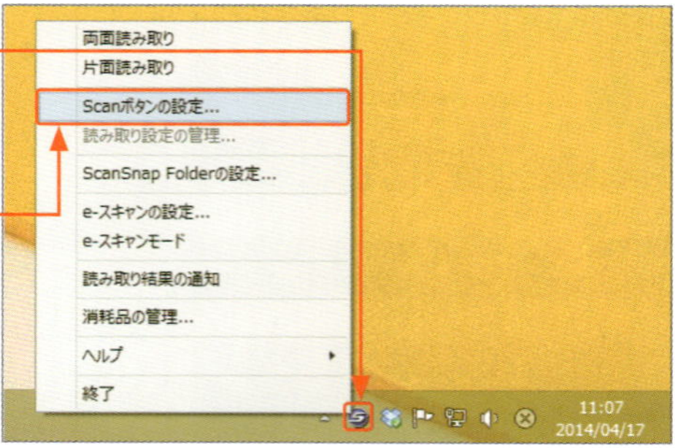

5. ウィンドウ下段に詳細項目が表示されます。

6. ＜クイックメニューを使用する＞をクリックしてオフにすると、

7. 「読み取り設定」が選択できます。

36

2 スキャン後の起動アプリを選択する

<アプリ選択>タブでは、ScanSnapでスキャンを行った後に起動するアプリケーションを選択できます。

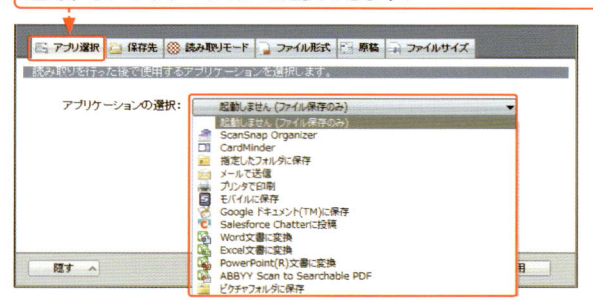

アプリケーションの選択:
- 起動しません (ファイル保存のみ)
- ScanSnap Organizer
- CardMinder
- 指定したフォルダに保存
- メールで送信
- プリンタで印刷
- モバイルに保存
- Google ドキュメント(TM)に保存
- Salesforce Chatterに投稿
- Word文書に変換
- Excel文書に変換
- PowerPoint(R)文書に変換
- ABBYY Scan to Searchable PDF
- ピクチャフォルダに保存

3 ファイルの保存先を変更する

<保存先>タブではファイルの保存先やファイル名を設定できます。

イメージの保存先: C:¥Users¥DEF¥Pictures

例) 2013年11月01日12時05分34秒.pdf

□ 読み取り後、ファイル名を変更します

<ファイル名の設定>をクリックすると、ファイル名の設定を行うことができます。初期設定ではスキャンした日時がファイル名になります。

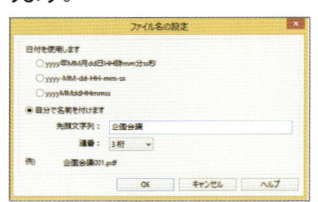

ファイル名の設定
- 日付を使用します
  - yyyy年MM月dd日HH時mm分ss秒
  - yyyy-MM-dd-HH-mm-ss
  - yyyyMMddHHmmss
- ● 自分で名前を付けます
  - 先頭文字列: 企画会議
  - 連番: 3桁
- 例) 企画会議001.pdf

<参照>をクリックすると、スキャンしたファイルの保存先を指定できます。

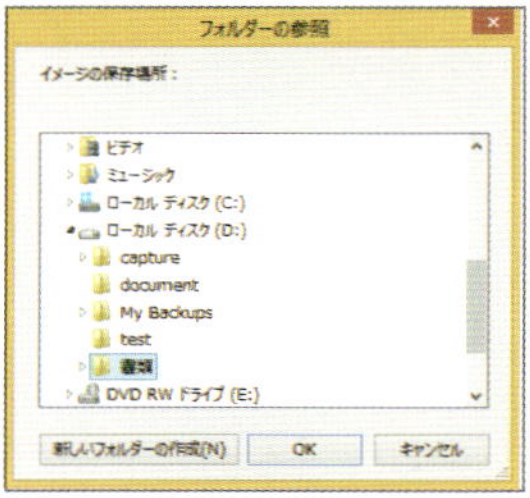

フォルダーの参照
イメージの保存場所:
- ビデオ
- ミュージック
- ローカル ディスク (C:)
- ローカル ディスク (D:)
  - capture
  - document
  - My Backups
  - test
  - 書類
- DVD RW ドライブ (E:)

第1章 ScanSnapの基本

4 読み取りモードの設定を行う

<読み取りモード>タブでは解像度や両面/片面読み取りの設定を行うことができます。

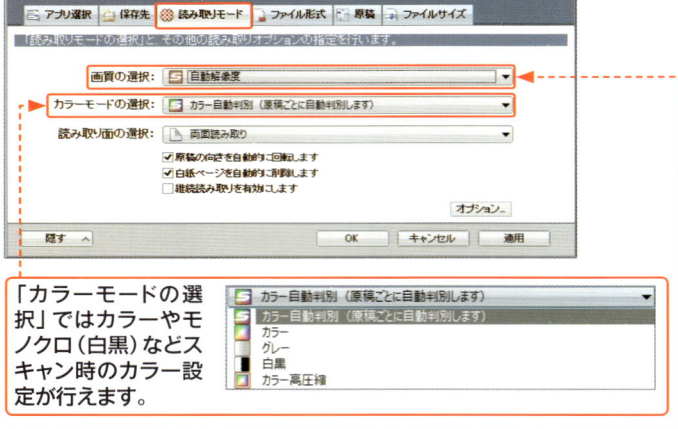

「カラーモードの選択」ではカラーやモノクロ(白黒)などスキャン時のカラー設定が行えます。

「画質の選択」では解像度を選択でき、dpiの数値が大きいほど精密なスキャンが行えます。

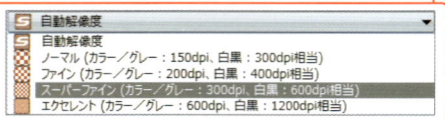

5 ファイル形式を選択する

<ファイル形式>タブでは保存時のファイル形式が指定できます。

ファイル形式はPDFとJPEGが選択可能です。

6 原稿のサイズを指定する

＜原稿＞タブでは原稿サイズやA3キャリアシートを使うときの設定が行えます。

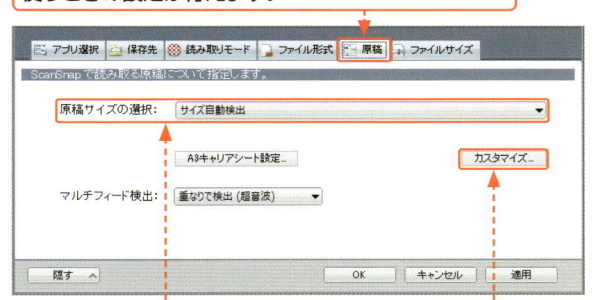

「原稿サイズの選択」では読み取る原稿のサイズを＜A4＞＜名刺＞などから選択できます。

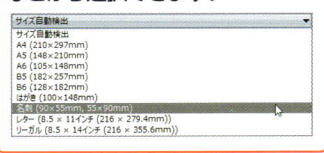

```
サイズ自動検出
サイズ自動検出
A4 (210×297mm)
A5 (148×210mm)
A6 (105×148mm)
B5 (182×257mm)
B6 (128×182mm)
はがき (100×148mm)
名刺 (90×55mm、55×90mm)
レター (8.5 × 11インチ (216 × 279.4mm))
リーガル (8.5 × 14インチ (216 × 355.6mm))
```

＜カスタマイズ＞をクリックすると原稿サイズの設定を追加できます。

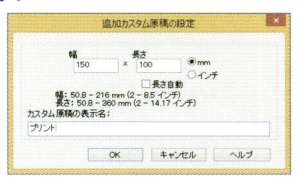

7 ファイルの圧縮率を指定する

＜ファイルサイズ＞タブではファイルを保存するときの圧縮率を指定できます。

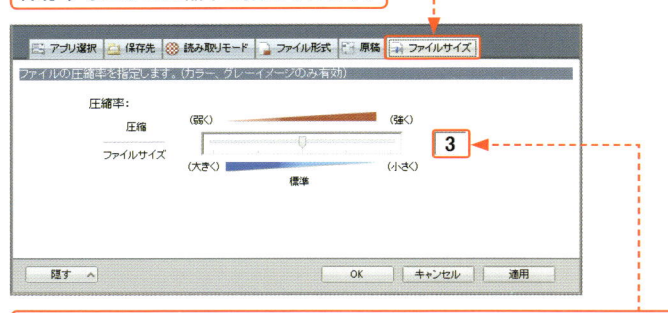

数字が大きいほど圧縮率が高くなり、ファイルサイズが小さくなります。

第1章 ScanSnapの基本

Section 11 読み取り設定を保存して選べるようにしよう

ScanSnapの読み取り設定を変更したら、その設定を保存しておくことで手軽に呼び出して使用できるようになります。用途ごとの設定を作っておいて、切り替えながら使えば効率的に作業が行えます。

1 読み取り設定を保存する

あらかじめ、Sec.10を参考にスキャン時の設定を変更しておきます。

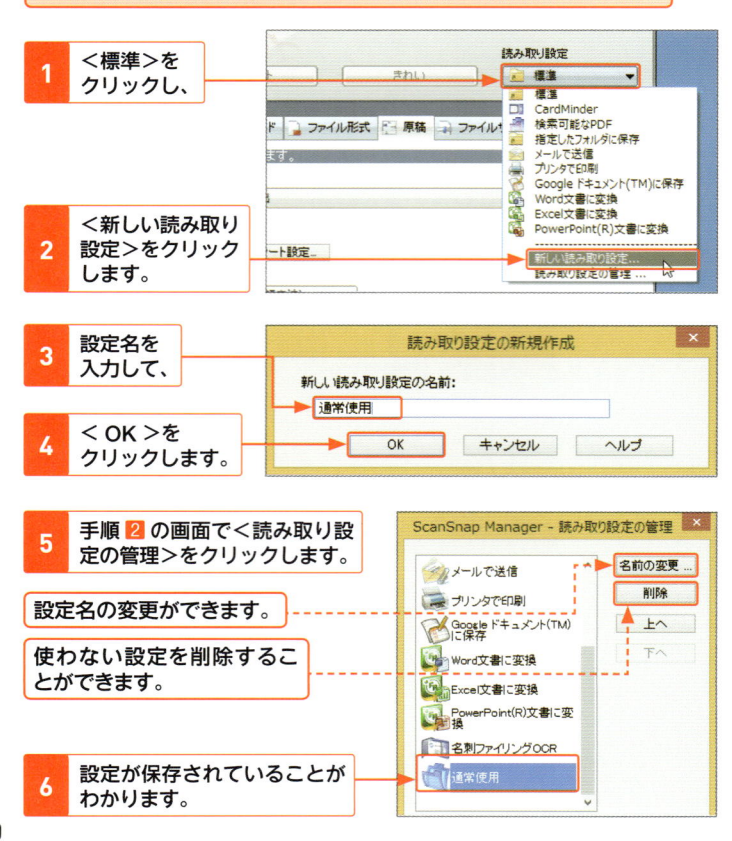

1 ＜標準＞をクリックし、

2 ＜新しい読み取り設定＞をクリックします。

3 設定名を入力して、

4 ＜OK＞をクリックします。

5 手順 2 の画面で＜読み取り設定の管理＞をクリックします。

設定名の変更ができます。

使わない設定を削除することができます。

6 設定が保存されていることがわかります。

第2章

スキャンデータの整理

Sec.12 スキャンデータの種類を知ろう
Sec.13 スキャンデータの保存先を変更しよう
Sec.14 スキャンデータを整理しよう
Sec.15 「ScanSnap Folder」を活用しよう
Sec.16 ページ内の文字を検索できるようにしよう
Sec.17 ページの向きや傾きを直そう
Sec.18 ページを削除/挿入しよう
Sec.19 ページの順序を入れ替えよう
Sec.20 ページをコピー&ペーストしよう
Sec.21 ページをトリミングしよう
Sec.22 ほかのPDFファイルも管理しよう

第2章 スキャンデータの整理

Section 12

スキャンデータの種類を知ろう

ScanSnapでは、スキャンしたデータの保存形式として、PDFとJPEGを選ぶことができます。どちらの形式にもそれぞれメリットがあるので、用途に応じて使い分けるとよいでしょう。

1 PDF形式とJPEG形式のメリット／デメリット

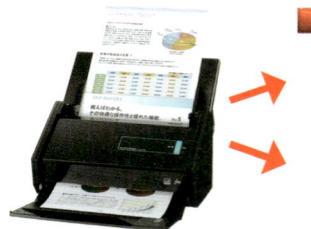

ScanSnapではスキャンデータをPDF形式あるいはJPEG形式で保存できます。

PDF形式

PDF形式は、アドビシステムズによって開発された電子文書のファイル形式です。テキストや画像を含む複数ページの文書を、紙の書類同様のレイアウトで再現することができます。本書ではPDF形式でのスキャンをおもに取り扱います。

- 複数ページは1ファイルになるので取り扱いが容易
- 紙の書類同様のレイアウトを再現できる
- OCRをかけておけばテキストの検索も可能
- 編集する場合は対応ソフトが必要

JPEG形式

JPEG形式は、パソコンやデジタルカメラなどで標準的に使われている画像形式です。高解像度な画像でも、小さなファイルサイズに収めることができるのが特徴です。さまざまなソフトで編集できる汎用性が最大のメリットです。

- 画像ファイルの標準的な形式
- 基本的に1ページ1ファイルとして扱われる
- 対応ソフトが多く編集が容易
- 複数ページをまとめるにはZIP形式などにする必要がある

2 保存形式を選んでスキャンする

1 P.36 手順 1 ～ 5 を参考に「Scan ボタンの設定」画面の詳細項目を表示します。

2 <ファイル形式>をクリックします。

3 「ファイル形式の選択」でプルダウンメニューをクリックします（初期設定では< PDF >が選択されています）。

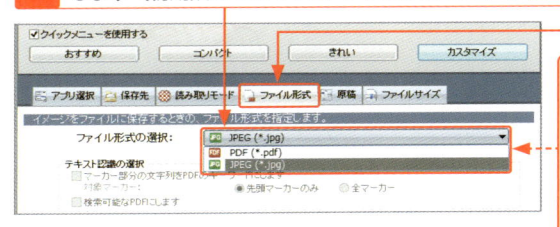

ファイル形式の選択:
- JPEG (*.jpg)
- PDF (*.pdf)
- JPEG (*.jpg)

S1300i、S1100では、「カラーモード」が「カラー」か「グレー」以外の場合、JPEGは選択できません。

4 < PDF >を選択して複数枚のスキャンを実行すると、1つの PDF ファイルで保存されます。

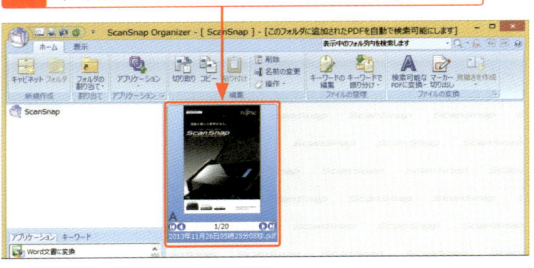

5 < JPEG >を選択して複数枚のスキャンを実行すると、1ページ1枚の JPEG ファイルで保存されます。

第2章 スキャンデータの整理

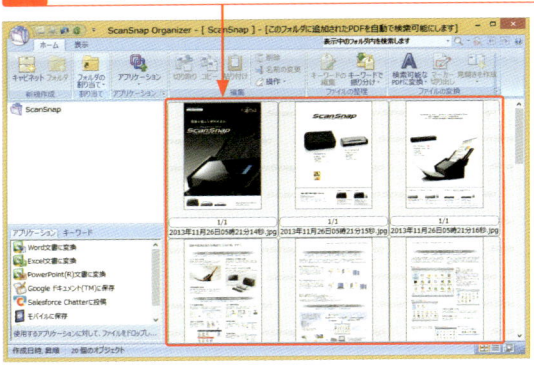

第2章 スキャンデータの整理

Section 13 スキャンデータの保存先を変更しよう

ScanSnapでスキャンしたデータはファイルとして保存されます。標準では「ドキュメント」内の「ScanSnap」フォルダに保存されますが、保存先を変更したり、フォルダを共有して活用することも可能です。

1 スキャン実行前にファイルの保存先を変更する

1 P.36 手順 1 〜 5 を参考に「Scan ボタンの設定」画面の詳細項目を表示し、<保存先>をクリックします。

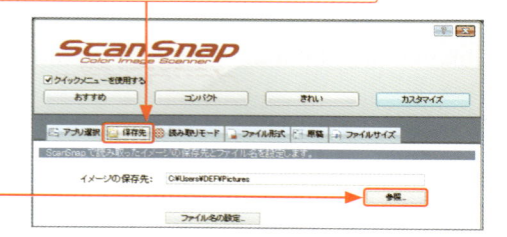

2 <参照>をクリックして、

3 変更する保存先をクリックし、

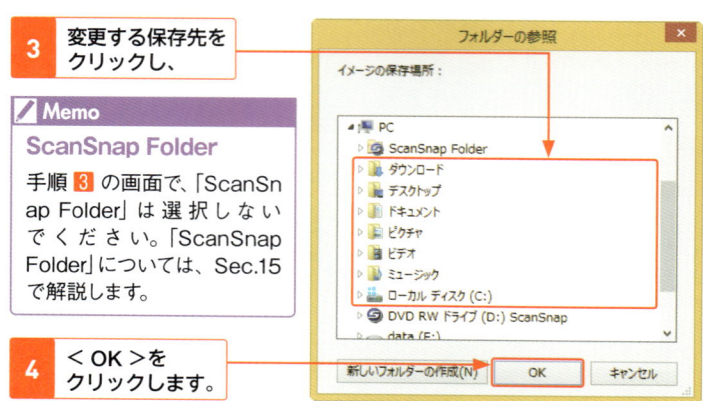

Memo
ScanSnap Folder

手順 3 の画面で、「ScanSnap Folder」は選択しないでください。「ScanSnap Folder」については、Sec.15 で解説します。

4 < OK >をクリックします。

5 手順 2 の画面で< OK >をクリックし、スキャンを実行します。

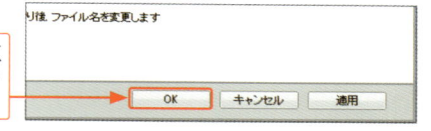

2 スキャン実行後にファイルの保存先を変更する

1 スキャン終了後に表示されるクイックメニューで、<指定したフォルダに保存>をクリックします。

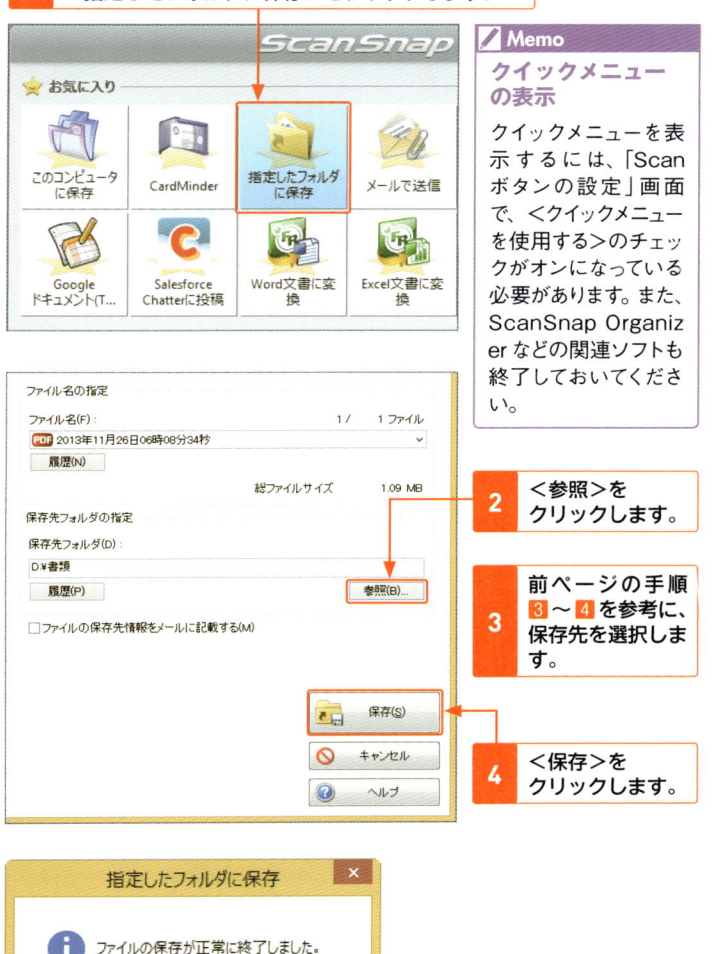

Memo
クイックメニューの表示

クイックメニューを表示するには、「Scanボタンの設定」画面で、<クイックメニューを使用する>のチェックがオンになっている必要があります。また、ScanSnap Organizerなどの関連ソフトも終了しておいてください。

2 <参照>をクリックします。

3 前ページの手順 3 ～ 4 を参考に、保存先を選択します。

4 <保存>をクリックします。

5 < OK >をクリックします。

第2章 スキャンデータの整理

Section 14

スキャンデータを整理しよう

「ScanSnap Organizer」は、ScanSnapでスキャンした書類を閲覧／編集したり、ファイルを整理／分類できる管理ソフトです。キャビネット機能やフォルダ機能などを使うことで、大量のファイルでも見やすく整理できます。

1 キャビネットとフォルダでファイルを整理する

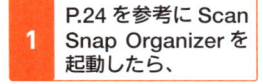

1. P.24を参考にScanSnap Organizerを起動したら、
2. <ホーム>をクリックし、
3. <キャビネット>をクリックします。

Sec.22参照

4. 新しいキャビネットが作成されるので、
5. キャビネット名を入力します。

6. 作成したキャビネットをクリックし、
7. <フォルダ>をクリックします。

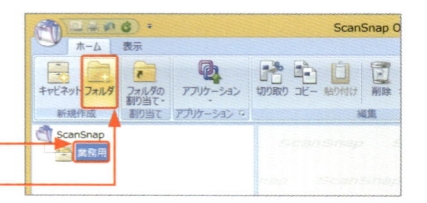

Memo

キャビネットとフォルダ

「ScanSnap Organizer」では、ファイルを「キャビネット」「フォルダ」内に分類して整理することができます。キャビネットが大分類で、フォルダが小分類にあたり、フォルダはキャビネット内にしか作ることができません。作成したキャビネットやフォルダの名前を変更するときは、変更したいキャビネット・フォルダ上でマウスを右クリックし、<名前の変更>をクリックします。

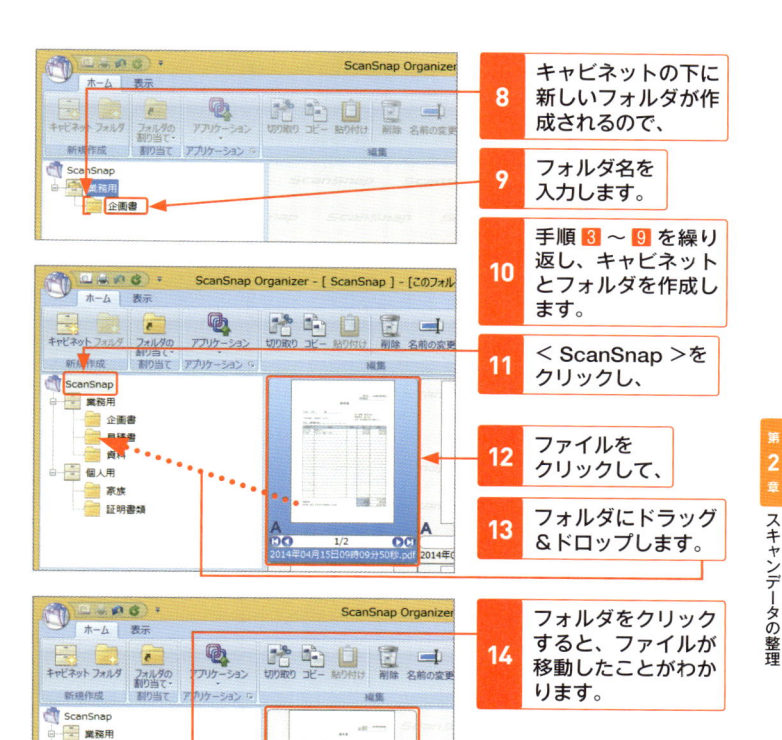

8	キャビネットの下に新しいフォルダが作成されるので、	
9	フォルダ名を入力します。	
10	手順 3 ～ 9 を繰り返し、キャビネットとフォルダを作成します。	
11	＜ ScanSnap ＞をクリックし、	
12	ファイルをクリックして、	
13	フォルダにドラッグ＆ドロップします。	
14	フォルダをクリックすると、ファイルが移動したことがわかります。	

第 2 章　スキャンデータの整理

Memo

キャビネット、フォルダ、ファイルの削除

ScanSnap Organizer でキャビネットやフォルダ、ファイルを削除する場合は、削除したいキャビネットやフォルダ上で右クリックし、表示されるメニューから＜削除＞をクリックします。同様にして＜名前の変更＞をクリックすると、フォルダ名やファイル名の変更が行えます。

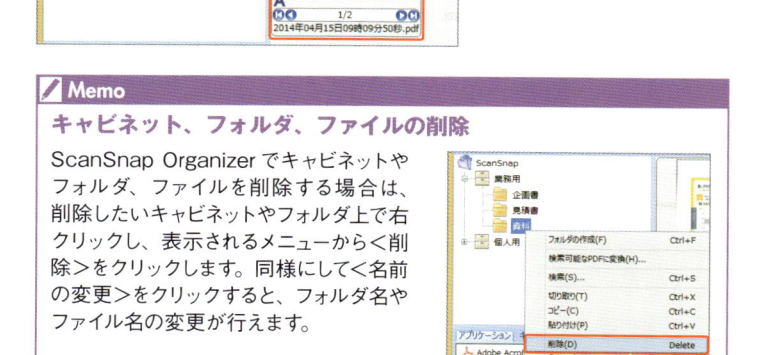

47

2 キーワード機能でファイルを整理する

「ScanSnap Organizer」では、ファイルに「キーワード」を設定することができます。キーワードは1つのファイルに対して複数設定でき、ファイルの分類整理に役立てることができます。「キーワードで振り分け」機能を使えば、そのキーワードを含むファイルをワンタッチでキャビネットやフォルダに振り分けることが可能です。

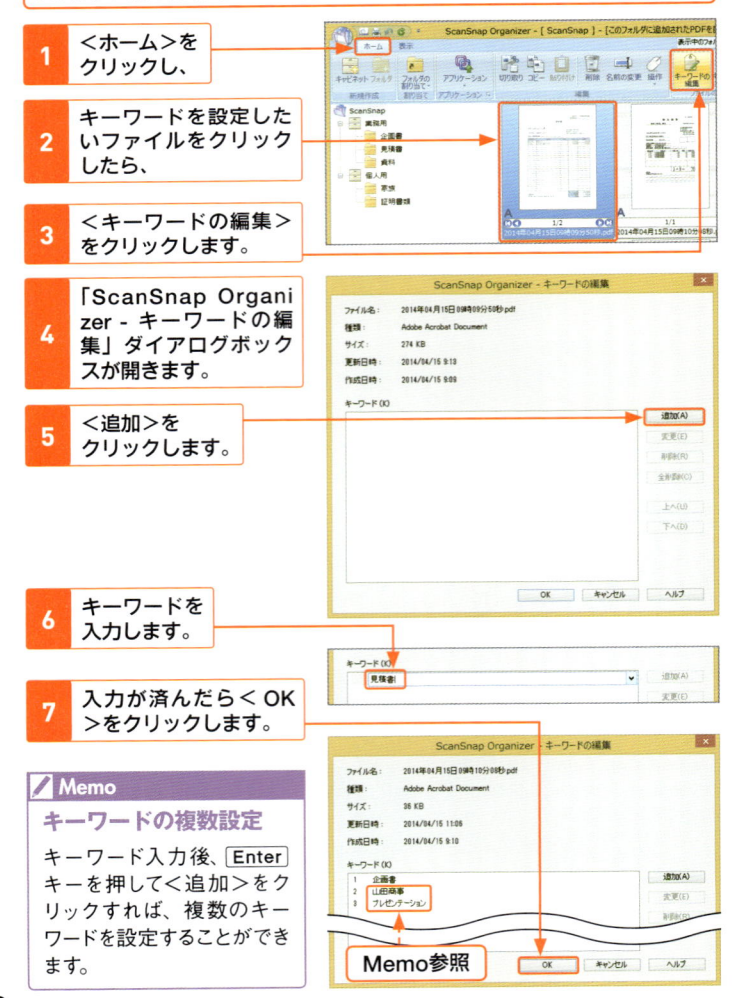

1 <ホーム>をクリックし、

2 キーワードを設定したいファイルをクリックしたら、

3 <キーワードの編集>をクリックします。

4 「ScanSnap Organizer - キーワードの編集」ダイアログボックスが開きます。

5 <追加>をクリックします。

6 キーワードを入力します。

7 入力が済んだら<OK>をクリックします。

Memo
キーワードの複数設定

キーワード入力後、Enterキーを押して<追加>をクリックすれば、複数のキーワードを設定することができます。

Memo参照

48

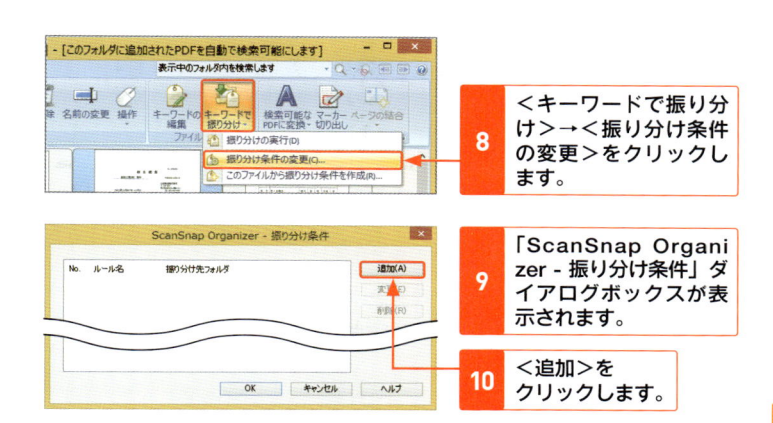

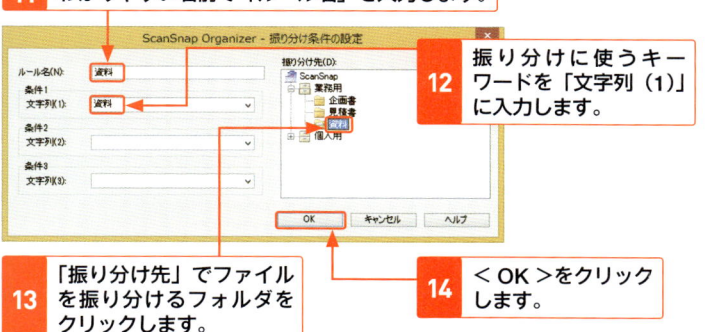

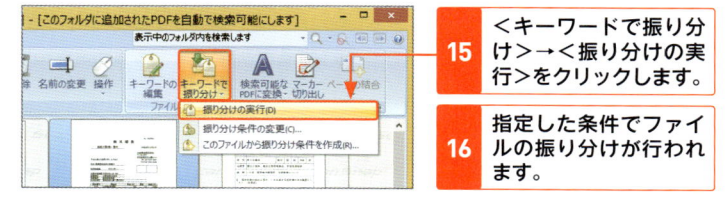

8	<キーワードで振り分け>→<振り分け条件の変更>をクリックします。
9	「ScanSnap Organizer - 振り分け条件」ダイアログボックスが表示されます。
10	<追加>をクリックします。
11	わかりやすい名前で「ルール名」を入力します。
12	振り分けに使うキーワードを「文字列（1）」に入力します。
13	「振り分け先」でファイルを振り分けるフォルダをクリックします。
14	<OK>をクリックします。
15	<キーワードで振り分け>→<振り分けの実行>をクリックします。
16	指定した条件でファイルの振り分けが行われます。

? Hint

振り分け条件の設定数

振り分け条件は3個まで指定可能です。たとえば、条件1を「プレゼン」、条件2を「新商品」にして、両方のキーワードを含むファイルを「新商品プレゼン」フォルダに分類するといったこともできます。

第2章 スキャンデータの整理

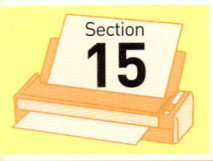

Section 15 「ScanSnap Folder」を活用しよう

「ScanSnap Folder」は、スキャン画像を一時的に保存して活用できる機能です。書類をスキャンし、用事が済んだらファイルを自動削除してくれるので、一度しか使わないメールの添付ファイルなどを作成するのに便利です。

1 ScanSnap Folder を活用する

ここでは、Gmailでメールを送信する際に、ScanSnapでスキャンしたファイルを添付します。

1 メールや Web メールの画面で、ファイル添付の 📎 をクリックします。

2 ファイル選択ウィンドウで「デバイスとドライブ」にある< ScanSnap Folder >をクリックし、

3 <開く>をクリックします。

4 ScanSnap Folder が開きます。

この時点では、まだ何もファイルは入っていません。

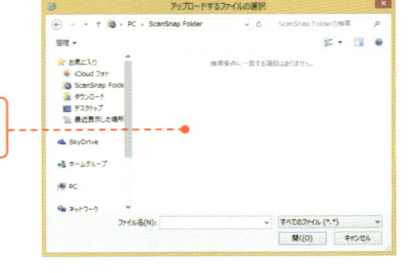

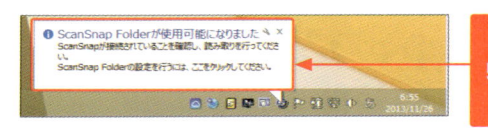

5	ScanSnap Folderを開くと、次のようなメッセージが表示されます。
6	ScanSnap 本体の< Scan >ボタンを押して、書類をスキャンします。
7	<保存>をクリックします。
8	手順4のウィンドウ内にファイルが出来上がります。
9	ファイルをクリックして、
10	<開く>をクリックします。

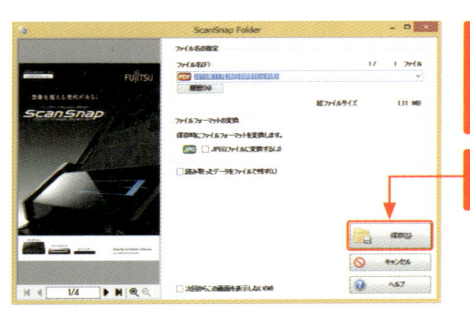

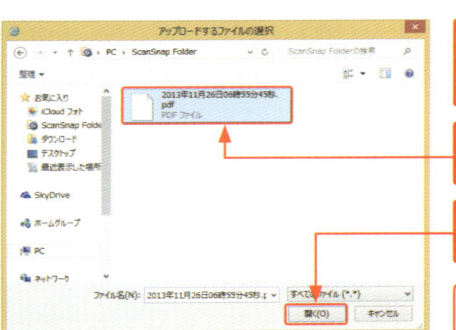

メールソフトによっては、手順10のあとに確認メッセージが表示される場合があります。

11	メールへの添付が行われました。
12	メールを送信すると、スキャンしたファイルは自動で削除されます。

第2章 スキャンデータの整理

51

第2章 スキャンデータの整理

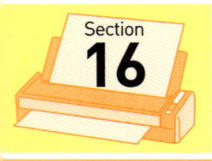

Section 16 ページ内の文字を検索できるようにしよう

ScanSnapでスキャンしたファイルがたまってくると、必要な情報がどこに記録されているかわかりづらくなってきます。そこで、ScanSnap OrganizerのOCR機能を使って、ファイルを検索可能な状態にしておきましょう。

1 PDFファイルを検索可能にする

1 デスクトップ上にある< ScanSnap Organizer >のショートカットアイコンをダブルクリックして起動します。

2 左上のボタンをクリックし、

3 <オプション>をクリックします。

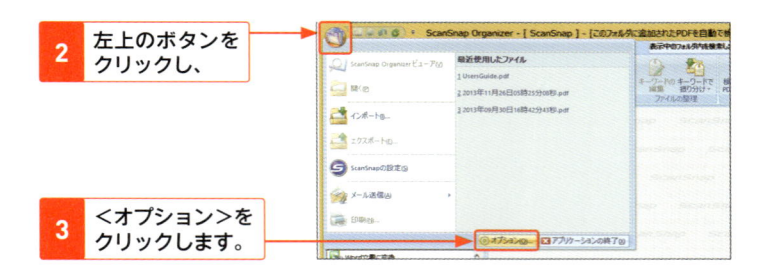

4 < PDF自動変換>をクリックします。

5 <テキスト情報をページに埋め込む>のチェックをオンにします。

6 < OK >をクリックします。

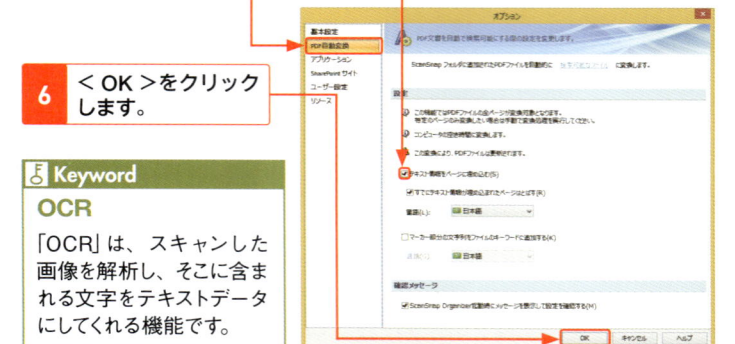

Keyword

OCR

「OCR」は、スキャンした画像を解析し、そこに含まれる文字をテキストデータにしてくれる機能です。

2 スキャン済みのPDFファイルを検索可能にする

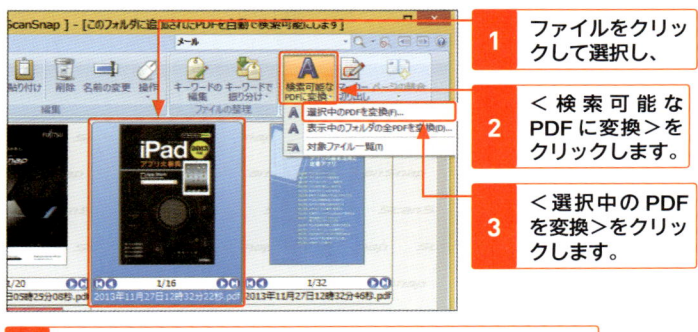

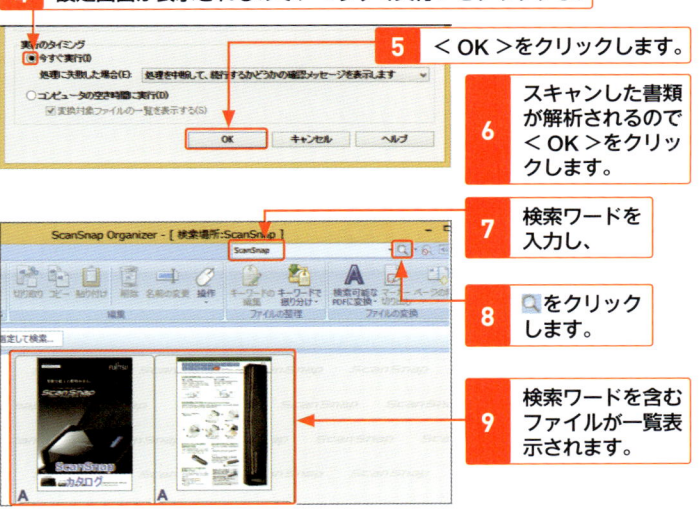

1. ファイルをクリックして選択し、
2. <検索可能なPDFに変換>をクリックします。
3. <選択中のPDFを変換>をクリックします。
4. 設定画面が表示されるので、<今すぐ実行>をクリックし、
5. <OK>をクリックします。
6. スキャンした書類が解析されるので<OK>をクリックします。
7. 検索ワードを入力し、
8. 🔍をクリックします。
9. 検索ワードを含むファイルが一覧表示されます。

第2章 スキャンデータの整理

Memo

OCR機能の認識精度

OCR機能は必ずしも100%その文字を認識できるとは限りません。漢字やアルファベットは違う文字として認識されることがよくあります。認識精度を上げたい場合は、P.38を参考に画質を<スーパーファイン>にするとよいでしょう。ただし、認識精度を上げるとスキャンにかかる時間も長くなり、ファイルサイズも大きくなってしまいます。<自動解像度>でも認識精度は高いので、いろいろと試しながら自分に合った設定を探してみてください。

第2章 スキャンデータの整理

Section 17

ページの向きや傾きを直そう

ScanSnapで書類などをスキャンしたときに、間違って上下逆に入れてしまったり、傾いてしまったりすることがあります。こんなときはScanSnap Organizerの回転／傾き補正機能で修正できます。

1 ページを回転する

1 P.24を参考にScanSnap Organizerビューアを開きます。

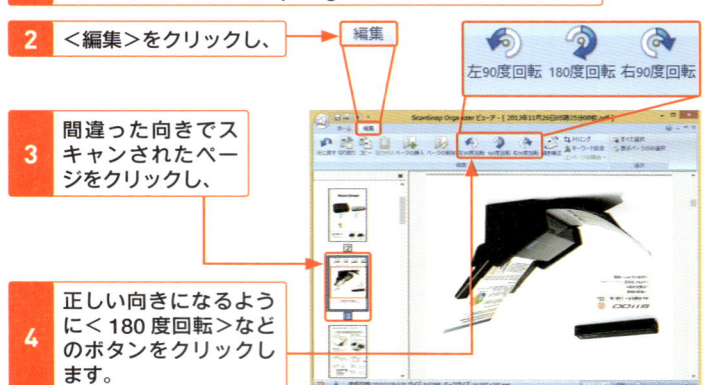

2 ＜編集＞をクリックし、

編集

左90度回転　180度回転　右90度回転

3 間違った向きでスキャンされたページをクリックし、

4 正しい向きになるように＜180度回転＞などのボタンをクリックします。

5 ページが正しい向きに変換されます。

6 ✕ をクリックします。

7 ＜保存＞ダイアログボックスが表示されるので、＜はい＞をクリックして変更を保存します。

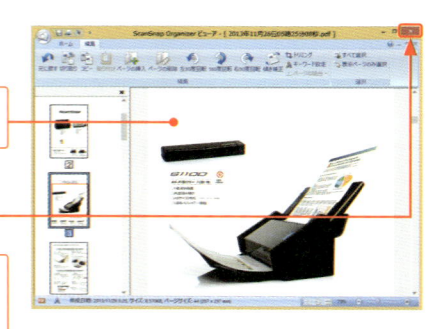

2 ページの傾きを補正する

1 P.24 を参考に ScanSnap Organizer ビューアを開きます。

2 <編集>をクリックし、

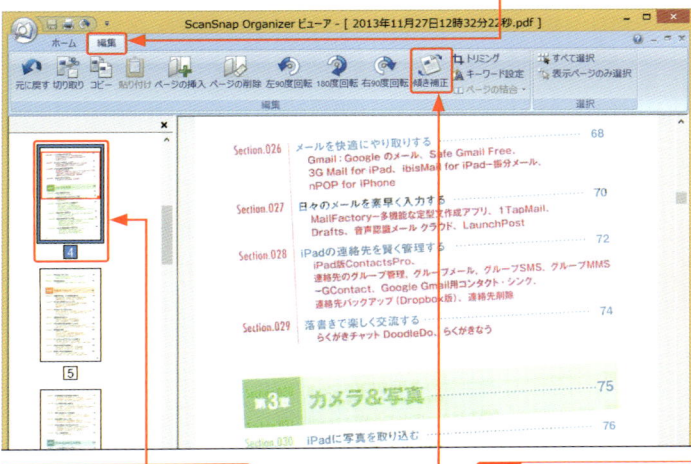

3 補正したいページをクリックしたら、

4 <傾き補正>をクリックします。

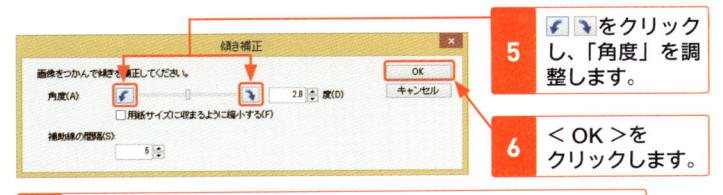

5 ↙↗をクリックし、「角度」を調整します。

6 < OK >をクリックします。

7 確認メッセージが表示されるので、<はい>をクリックします。

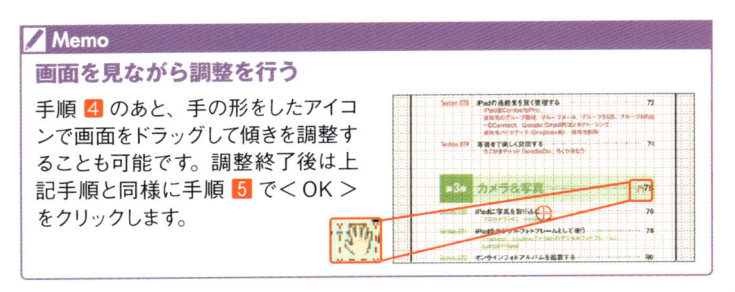

📝 Memo

画面を見ながら調整を行う

手順 **4** のあと、手の形をしたアイコンで画面をドラッグして傾きを調整することも可能です。調整終了後は上記手順と同様に手順 **5** で< OK >をクリックします。

第2章 スキャンデータの整理

第2章 スキャンデータの整理

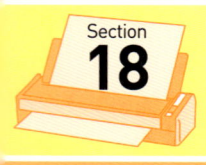

Section 18 ページを削除／挿入しよう

書類や書籍の束の中に、白紙などいらないページが含まれているときがあります。このようなときはそのページを削除すると見やすくなります。またスキャンし忘れたページがあったら、あとから挿入することも可能です。

1 不要なページを削除する

1. P.24を参考にScanSnap Organizerビューアを開きます。

2. <編集>をクリックし、

3. 不要なページをクリックします。

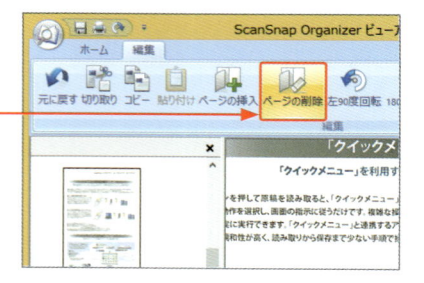

4. <ページの削除>をクリックし、

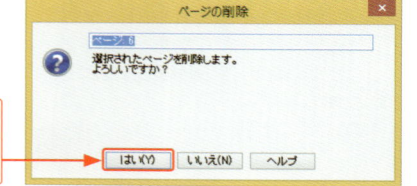

5. <はい>をクリックすると、ページの削除が行われます。

2 PDFファイルに別のPDFファイルを挿入する

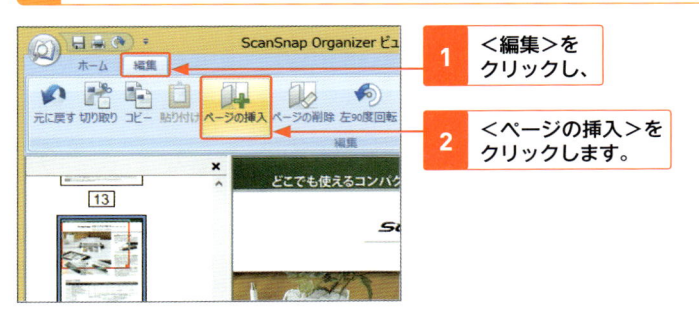

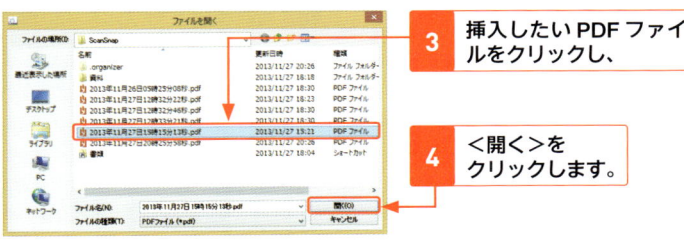

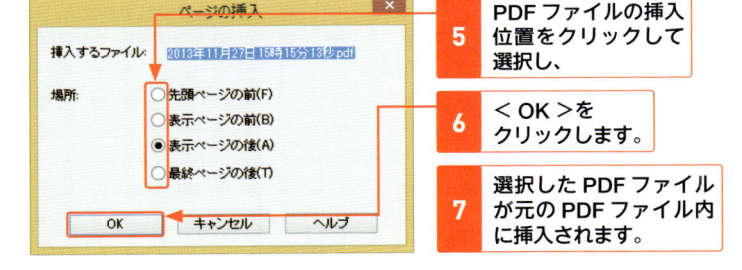

1. <編集>をクリックし、
2. <ページの挿入>をクリックします。
3. 挿入したいPDFファイルをクリックし、
4. <開く>をクリックします。
5. PDFファイルの挿入位置をクリックして選択し、
6. < OK >をクリックします。
7. 選択したPDFファイルが元のPDFファイル内に挿入されます。

? Hint

現在開いているファイルに新規スキャンのデータを追加する

iX500、SV600では、ScanSnap OrganizerビューアでPDFファイルを開いているときに、ScanSnap本体に書類をセットして< Scan >ボタンを押すと、新規にスキャンした分のデータをPDFファイル内に挿入することができます。スキャンした書類を閲覧している最中に、スキャンし忘れていたページが見つかったときは、この機能を利用すれば、必要なページだけその場で挿入できます。その都度スキャンしてファイルを作ってから挿入する必要がないので便利です。

第2章 スキャンデータの整理

Section 19 ページの順序を入れ替えよう

書類をスキャンするときに、うっかり順序を間違えてしまうことがあります。こんなときはScanSnap Organizerの機能を使えば、スキャンしたデータの順序を正しく直すことができます。

1 ページの順序を入れ替える

1. P.24を参考にScanSnap Organizerビューアを開きます。

2. ＜編集＞をクリックし、

3. ページ一覧で順序を変更したいページをクリックし、

4. ページをドラッグして入れ替えたい場所にドロップします。

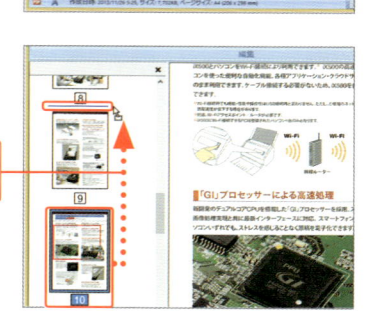

5. ドロップした場所にページが挿入されます。

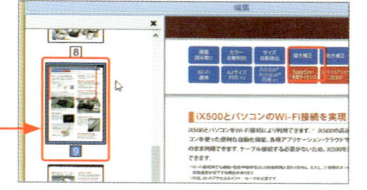

2 複数ページをまとめて入れ替える

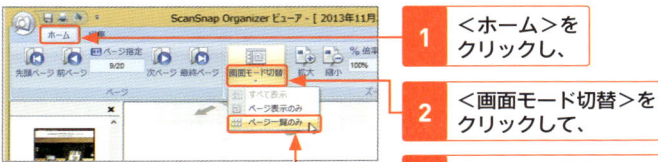

1 <ホーム>をクリックし、

2 <画面モード切替>をクリックして、

3 <ページ一覧のみ>をクリックします。

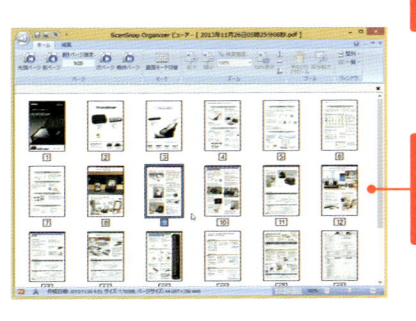

4 ScanSnap Organizer ビューアのウィンドウがすべてページ一覧表示になります。

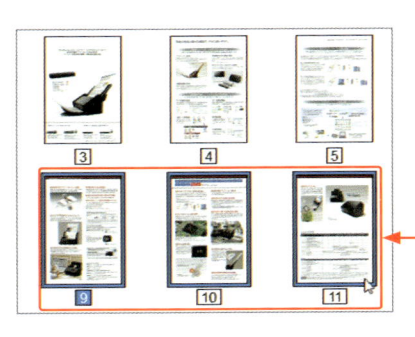

5 Ctrl キーを押しながら、入れ替えたいページをクリックしていきます。

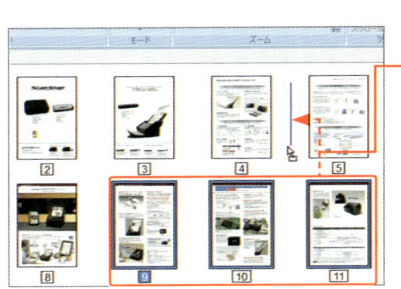

6 選択したページをまとめてドラッグし、移動したい位置にドロップします。

✏ Memo

表示モードを元に戻す

表示モードを元に戻すときは、手順 1 ～ 2 を行い、<すべて表示>をクリックします。

第2章 スキャンデータの整理

59

第2章 スキャンデータの整理

Section 20

ページを
コピー&ペーストしよう

ScanSnap Organizerでは、あるPDFファイルのページを、ほかのPDFファイルにコピー&ペーストして挿入するといったことも可能です。複数のPDFファイルを1つのファイルにまとめるといったこともかんたんに行えます。

1 ページをコピー&ペーストする

1 P.52 を参考に ScanSnap Organizer を起動します。

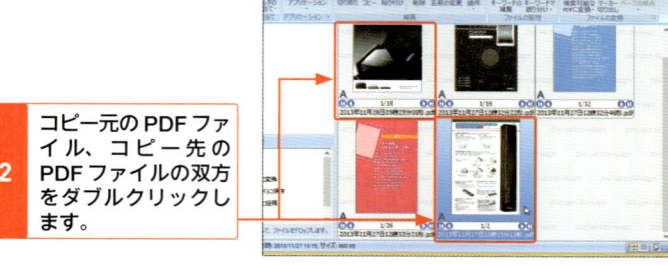

2 コピー元の PDF ファイル、コピー先の PDF ファイルの双方をダブルクリックします。

3 ScanSnap Organizer ビューアで、画面右上のこのボタンをクリックします。

4 ScanSnap Organizer ビューアのウィンドウ内に2個のファイルが別々のウィンドウで開きます。

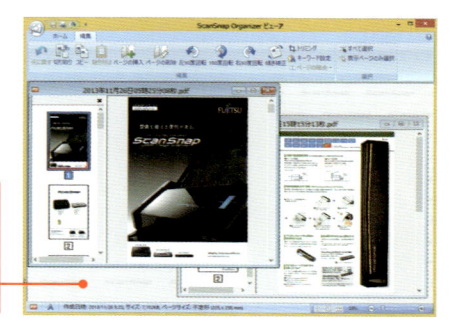

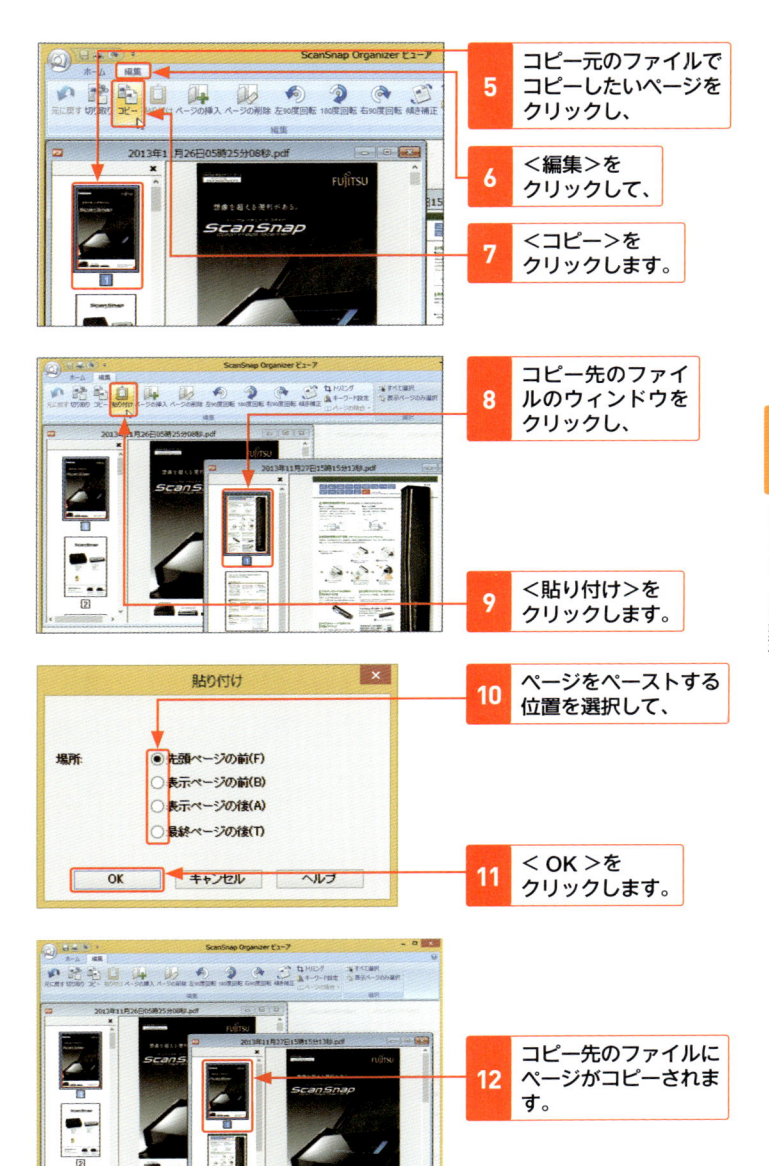

5	コピー元のファイルでコピーしたいページをクリックし、
6	<編集>をクリックして、
7	<コピー>をクリックします。
8	コピー先のファイルのウィンドウをクリックし、
9	<貼り付け>をクリックします。
10	ページをペーストする位置を選択して、
11	< OK >をクリックします。
12	コピー先のファイルにページがコピーされます。

第2章 スキャンデータの整理

61

第2章 スキャンデータの整理

Section 21

ページをトリミングしよう

「トリミング」とは、ページの中から必要な部分だけを抽出することを指します。スキャンしたページから必要な部分だけを抜き出したいときや、余白や不要なメモ書きなどを削除したいときなどに使うと便利な機能です。

1 ページをトリミングする

1 P.24を参考に、トリミングしたいファイルをScanSnap Organizerビューアで開きます。

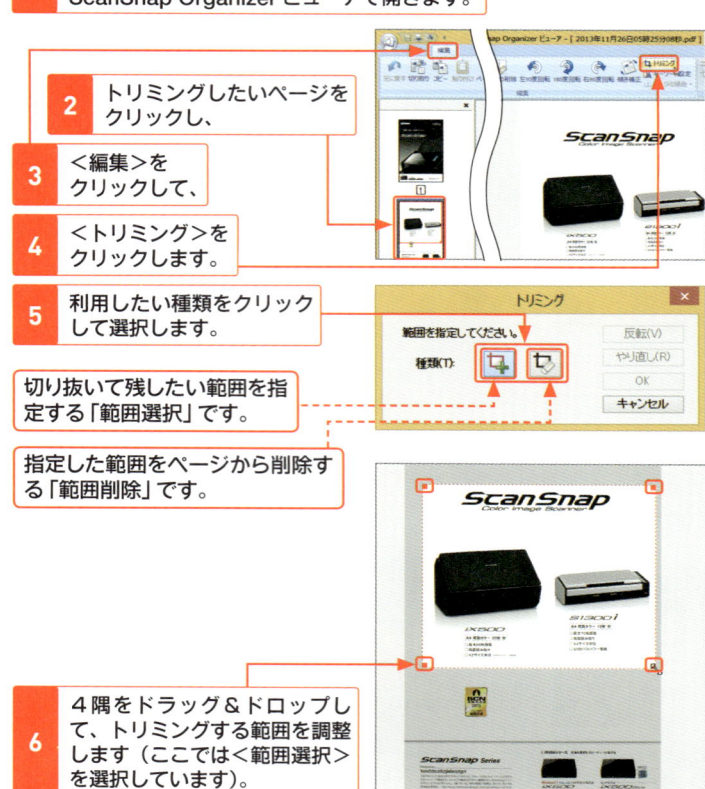

2 トリミングしたいページをクリックし、

3 <編集>をクリックして、

4 <トリミング>をクリックします。

5 利用したい種類をクリックして選択します。

切り抜いて残したい範囲を指定する「範囲選択」です。

指定した範囲をページから削除する「範囲削除」です。

6 4隅をドラッグ&ドロップして、トリミングする範囲を調整します(ここでは<範囲選択>を選択しています)。

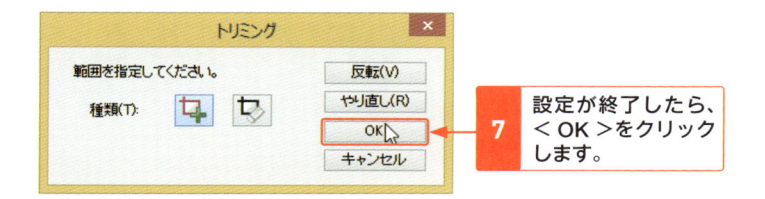

7 設定が終了したら、< OK >をクリックします。

8 「範囲選択」の場合はこのように指定した範囲だけを抽出してくれます。

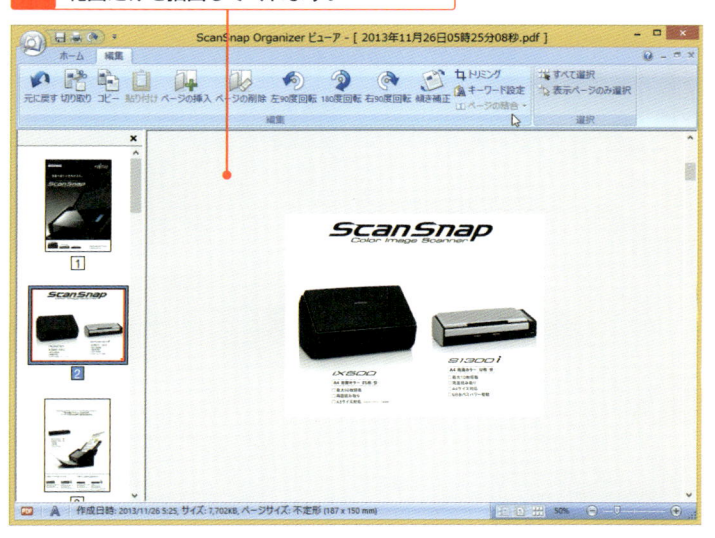

第2章 スキャンデータの整理

📝 Memo

範囲削除を指定した場合

手順 **5** で<範囲削除>を選択した場合は、手順 **6** とは逆に削除したい範囲を指定し、< OK >をクリックすると、指定した範囲が空白になります。

第2章 スキャンデータの整理

Section 22 ほかのPDFファイルも管理しよう

ScanSnap Organizerでは、ScanSnapでスキャンしたものだけでなく、パソコン内のそのほかのPDFファイルなどもまとめて管理することができます。PDFファイルを一括で賢く管理したい場合に利用するとよいでしょう。

1 ScanSnap以外のPDFファイルを登録する

1 P.52を参考にScanSnap Organizerを起動します。

2 ＜フォルダの割り当て＞をクリックし、

3 ＜フォルダの割り当て＞をクリックします。

4 パソコン内のPDFファイルの入ったフォルダーをクリックし、

5 ＜OK＞をクリックします。

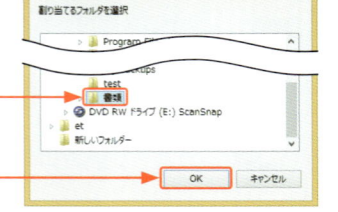

6 フォルダーがScanSnap Organizerに登録されます。

7 登録したPDFファイルはScanSnap Organizerで閲覧／編集できます。

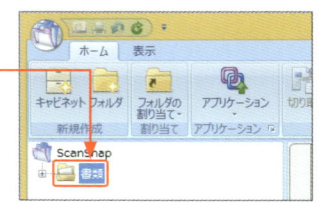

> **Memo**
>
> **PDFファイルの登録**
>
> PDFファイルは、フォルダごとではなく、ファイルを1つだけ登録することもできます。ScanSnap Organizerウィンドウ左上のボタン をクリックし、＜インポート＞をクリックしてファイルを選択してください。

第3章

スキャンデータの活用

- Sec.23 名刺をスキャンして整理しよう
- Sec.24 新聞記事を効率よくスキャンしよう
- Sec.25 ビジネス書類をスキャンしよう
- Sec.26 スキャンしたビジネス書類をOfficeファイルに変換しよう
- Sec.27 スキャンしたビジネス書類を活用しよう
- Sec.28 マニュアルやパンフレットをスキャンしよう
- Sec.29 手書きのメモをスキャンしよう
- Sec.30 紙焼き写真をスキャンしよう
- Sec.31 スキャンデータをクラウドで管理しよう
- Sec.32 身近なものをスキャンしておこう
- Sec.33 アルバムソフトでスキャンデータを管理しよう
- Sec.34 e-文書法に対応した設定でスキャンしよう
- Sec.35 案内状やはがきをスキャンしよう
- Sec.36 レシートをスキャンして家計簿に自動記録しよう
- Sec.37 楽²ライブラリSmartでスキャンデータを管理しよう

第3章 スキャンデータの活用

Section 23 名刺をスキャンして整理しよう

ビジネス現場では名刺は必須アイテムです。整理を怠ると、必要なときに必要な名刺が出てこないといった事態に陥ることもあります。ScanSnapを使えば、大量の名刺も手軽に整理することができます。

1 名刺をスキャンするための設定を行う

1. あらかじめ ScanSnap Organizer は終了しておき、P.36 を参考に「Scan ボタンの設定」画面の詳細項目を表示します。

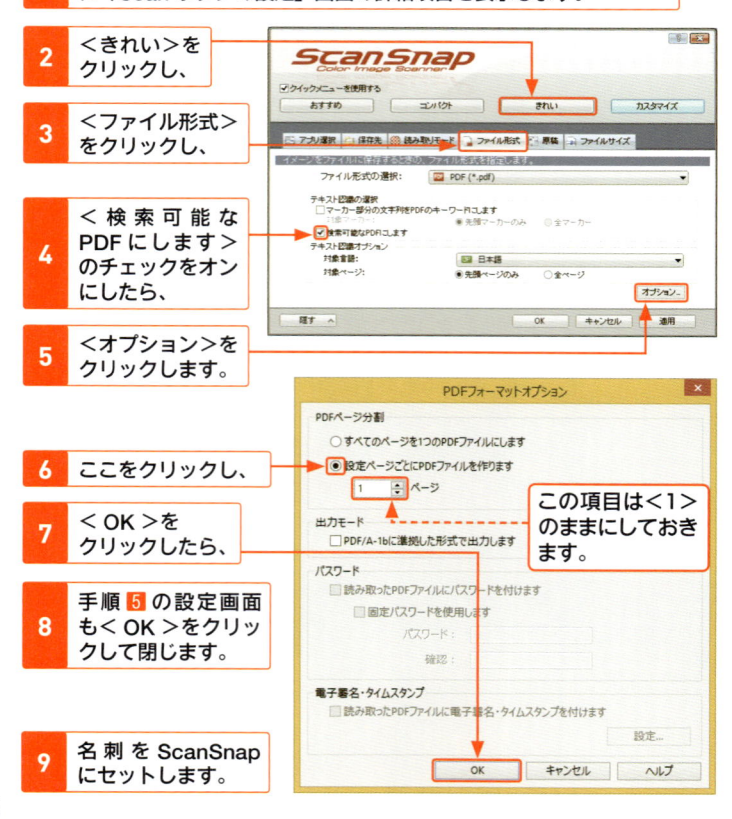

2. <きれい>をクリックし、

3. <ファイル形式>をクリックし、

4. <検索可能なPDFにします>のチェックをオンにしたら、

5. <オプション>をクリックします。

6. ここをクリックし、

　この項目は<1>のままにしておきます。

7. < OK >をクリックしたら、

8. 手順 5 の設定画面も< OK >をクリックして閉じます。

9. 名刺を ScanSnap にセットします。

2 名刺ファイリングOCRで名刺を管理する

「名刺ファイリングOCR」は、ScanSnap S1300i/S1100に付属するWindows用名刺管理ソフトです。ScanSnap iX500でも利用できます（P.69のMemo参照）。

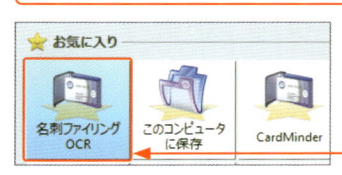

1 ScanSnap の< Scan >ボタンを押して名刺をスキャンします。

2 <名刺ファイリング OCR >をクリックします。

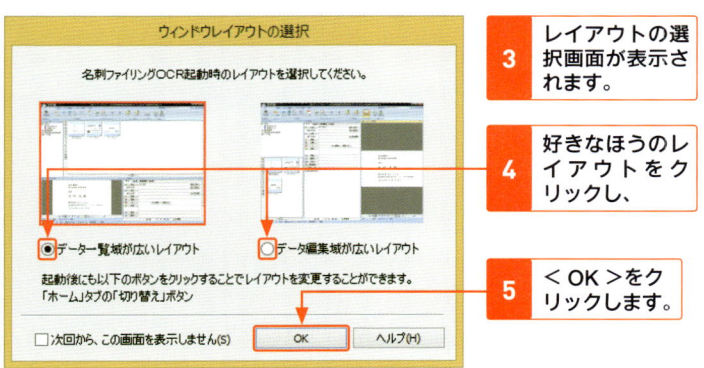

3 レイアウトの選択画面が表示されます。

4 好きなほうのレイアウトをクリックし、

5 < OK >をクリックします。

6 スキャンした名刺が一覧表示されます。

7 「データ編集」欄では名刺のテキストデータを編集できます。

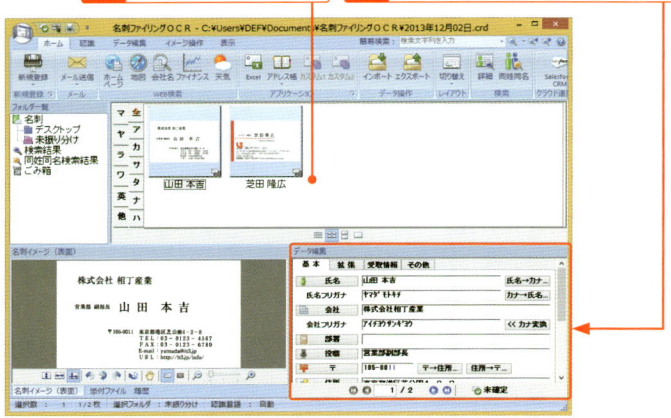

第3章 スキャンデータの活用

67

3 名刺ファイリングOCRで名刺を活用する

名刺検索

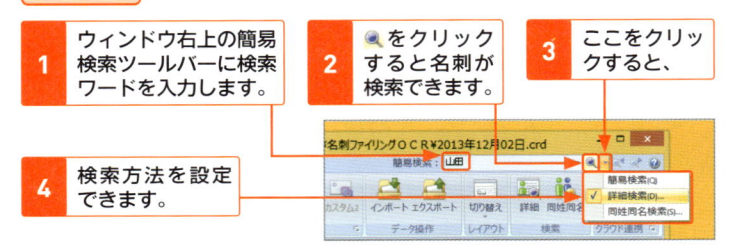

1. ウィンドウ右上の簡易検索ツールバーに検索ワードを入力します。
2. 🔍 をクリックすると名刺が検索できます。
3. ここをクリックすると、
4. 検索方法を設定できます。

メール送信

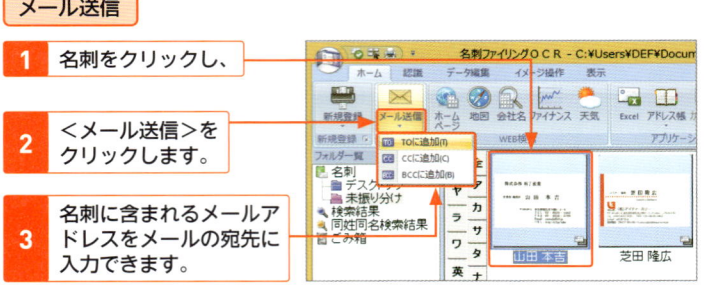

1. 名刺をクリックし、
2. <メール送信>をクリックします。
3. 名刺に含まれるメールアドレスをメールの宛先に入力できます。

Excelファイルの作成

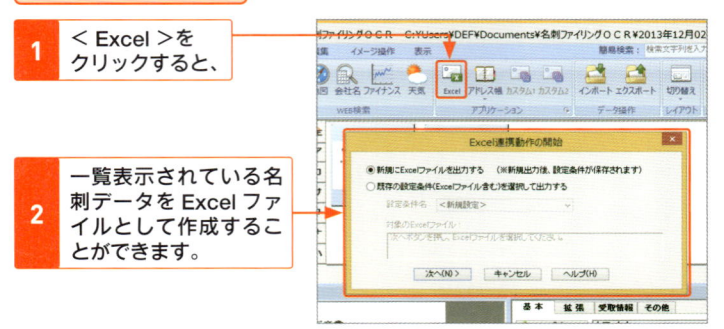

1. < Excel >をクリックすると、
2. 一覧表示されている名刺データを Excel ファイルとして作成することができます。

4 CardMinderで名刺を管理する

ScanSnapには「CardMinder」という名刺管理ソフトも付属しています。ScanSnap S1300i/S1100ではMac OS用のみとなりますが、ScanSnap iX500／SV600ではWindows用が標準でインストールされます。

1 P.66 を参考に ScanSnap で名刺をスキャンします。

2 P.67 の手順 **2** で< CardMinder >をクリックすると、スキャンした名刺のデータが読み込まれます。

右上の簡易検索ツールバーで名刺の検索が行えます。

<アプリケーション>をクリックすると、名刺のデータをExcelなどに出力することができます。

Memo

ScanSnap iX500 で「名刺ファイリング OCR」を利用する

「ScanSnap iX500」には2種類の名刺管理ソフトが付属しています。標準でセットアップされるのは「CardMinder」ですが、「名刺ファイリング OCR」をインストールすることもできます。インストールするときは、付属 DVD-ROM のメニューで< ScanSnap >を選択し、「セットアップタイプ」で<カスタムインストール>を選択します。「CardMinder」は日本語以外の多言語に対応しています。好みに応じて利用するとよいでしょう。

第 3 章 スキャンデータの活用

第3章 スキャンデータの活用

Section 24 新聞記事を効率よくスキャンしよう

最近はネットが普及しましたが、紙の新聞もやはり重要な情報源です。記事のすべてをネットにアップしていない新聞も多いので、気になる記事はスクラップしておくのが確実です。こんなときにもScanSnapは役に立ちます。

1 新聞スキャン時の設定を行う

1 P.36を参考に「Scanボタンの設定」画面の詳細項目を表示します。

2 <読み取りモード>をクリックし、

3 <片面読み取り>に設定します。

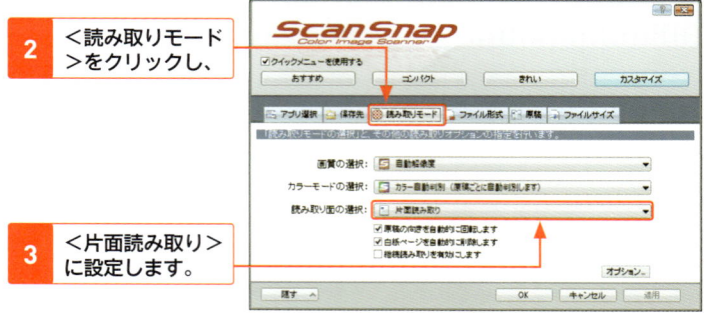

4 <ファイル形式>をクリックし、

5 <検索可能なPDFにします>のチェックをオンにし、

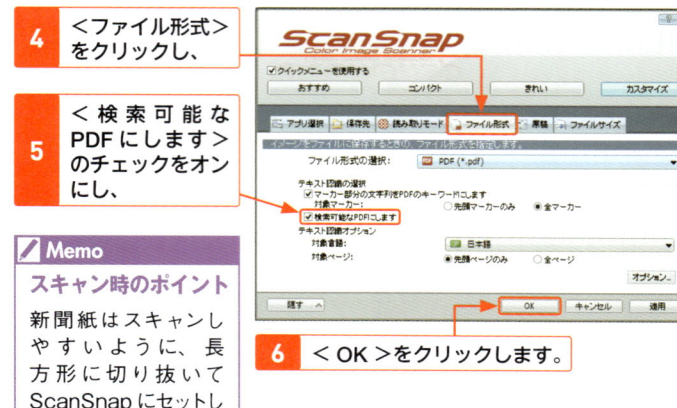

6 < OK >をクリックします。

Memo
スキャン時のポイント

新聞紙はスキャンしやすいように、長方形に切り抜いてScanSnapにセットします。

2 マーカー切り出し機能で必要な部分だけスキャンする

凸凹のあるレイアウトで配置されている新聞記事をScanSnapでスキャンするときは、「マーカー切り出し」機能を使います。

1 必要な記事を蛍光ペンで囲んでから、スキャンを行い、ScanSnap Organizer にデータを登録します。

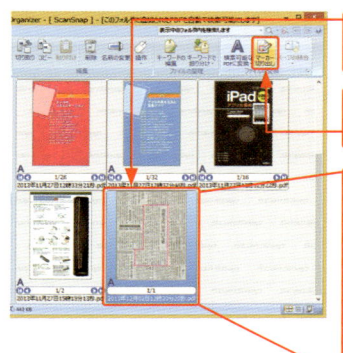

2 スキャンしたファイルをクリックし、

3 <マーカー切り出し>をクリックします。

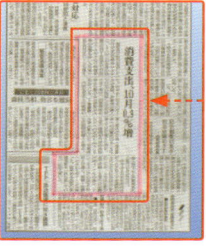

蛍光ペンで囲んでおく

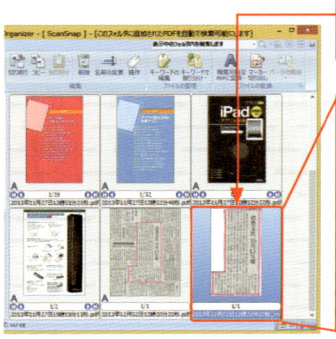

4 蛍光ペンで囲んだ部分だけを切り抜いた PDF ファイルが出来上がります。

第3章 スキャンデータの活用

📝 Memo
マーカー切り出し機能を使う場合の注意

マーカー切り出し機能を使う場合は、事前に切り抜きたい部分を蛍光ペンで囲んでおく必要があります。なるべく太い線で囲んでください。なお、カラー新聞の場合はうまくいかないことがあります。

第3章 スキャンデータの活用

Section 25 ビジネス書類をスキャンしよう

ビジネス現場では企画書や見積書、会議の資料など、大量の書類が必要となります。ScanSnapでこれらの書類をスキャンすれば、収納スペースを節約できて机がスッキリするだけでなく、書類の整理もしやすくなります。

1 ScanSnapでビジネス書類をスキャンする

1. P.36を参考に「Scanボタンの設定」画面の詳細項目を表示します。
2. <読み取りモード>をクリックし、
3. <片面読み取り>に設定します。
4. <ファイル形式>をクリックし、
5. <検索可能なPDFにします>のチェックをオンにします。
6. <OK>をクリックします。
7. ScanSnapでビジネス文書をスキャンします。

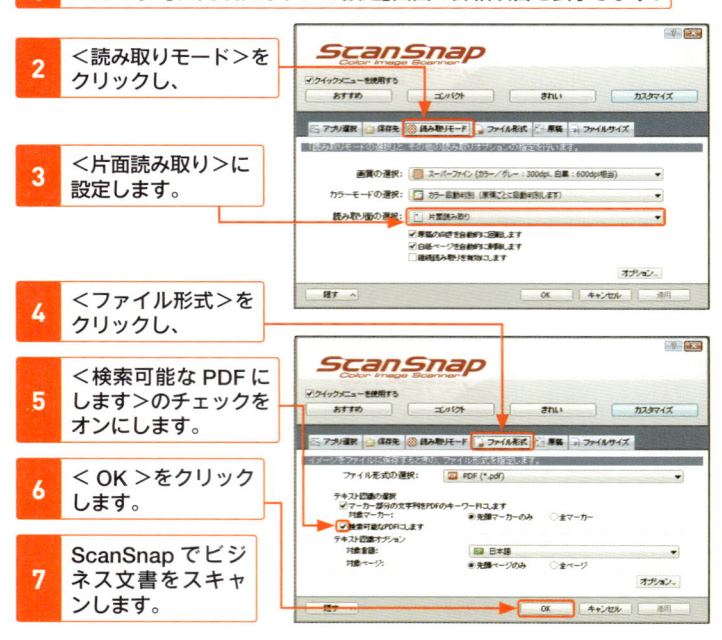

Memo

事前設定のポイント

ビジネス文書の場合、コピー用紙などの表面に印刷されていることが多いので、スキャン時は<片面読み取り>にしておきます。また<検索可能なPDF>にしておくと、あとの整理が楽になります。

2 スキャンした文書をメールで送信する

1 ScanSnap Organizer に登録されたら、

2 左上のボタンをクリックし、

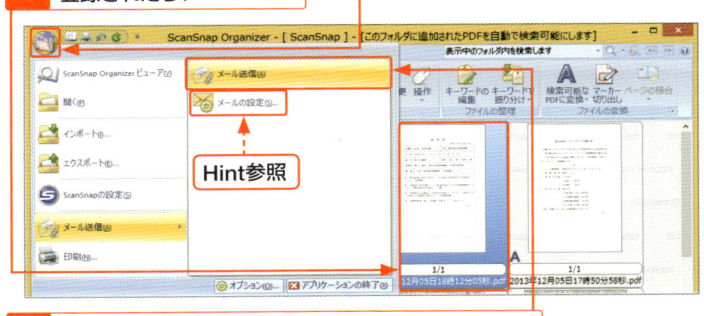

Hint参照

3 ＜メール送信＞→＜メール送信＞をクリックします。

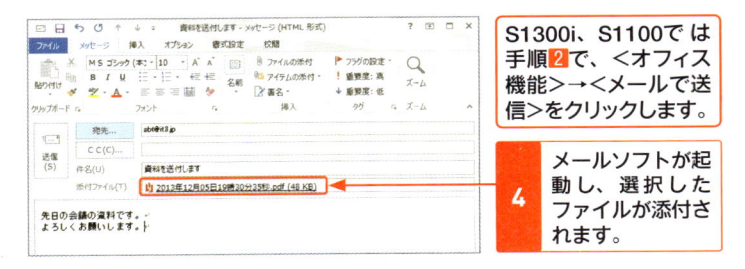

S1300i、S1100では手順 **2** で、＜オフィス機能＞→＜メールで送信＞をクリックします。

4 メールソフトが起動し、選択したファイルが添付されます。

? Hint

添付ファイルのサイズ制限とパスワードの設定

手順 **3** の画面で＜メールの設定＞をクリックすると、添付ファイルのサイズ制限とパスワードの設定が行えます。添付ファイルのサイズが大きいと相手が受け取れない場合があるので、設定しておくとトラブルを避けることができます。また、＜パスワード＞のチェックをオンにしておくと、添付するPDFファイルにパスワードを設定できます。＜メール送信＞時にパスワード入力画面が表示されます。

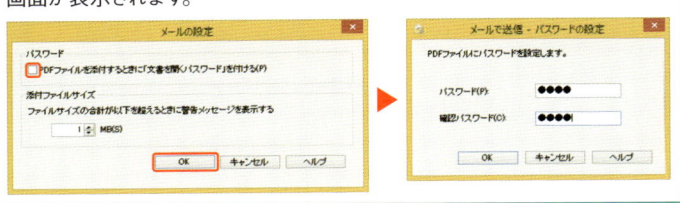

第3章 スキャンデータの活用

3 マーカー機能でファイルにキーワードを設定する

マーカー機能では、書類内の単語に蛍光ペンで印をつけておくと、スキャンしたときにその単語を自動的にキーワードにしてくれます。

1 書類内でキーワードにしたい単語を蛍光ペンでマークしておきます。

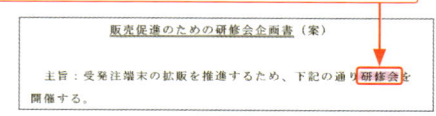

2 「Scan ボタンの設定」画面を表示し、

3 <ファイル形式>をクリックします。

4 <マーカー部分の文字列を PDF のキーワードにします>のチェックをオンにし、

5 <全マーカー>をクリックしたら、画面下部の< OK >をクリックします。

6 ScanSnap で書類をスキャンします。

7 ScanSnap Organizer に登録されたファイルをダブルクリックし、

8 ScanSnap Organizer ビューアの<編集>をクリックして、

9 <キーワード設定>をクリックします。

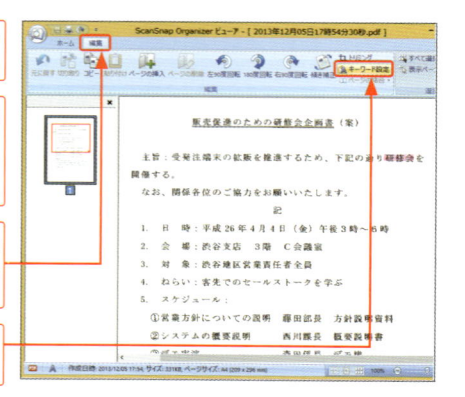

10 蛍光ペンで塗った単語がキーワードに設定されているのが確認できます。

4 キーワードを編集する

スキャンしたファイルに設定したキーワードの修正は、ScanSnap Organizerの＜キーワードの編集＞から行うことができます。P.48で作成したキーワードもここで紹介する方法で修正できます。

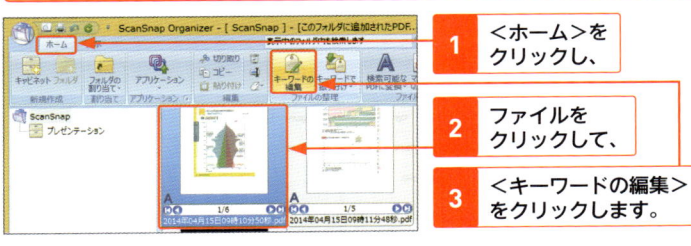

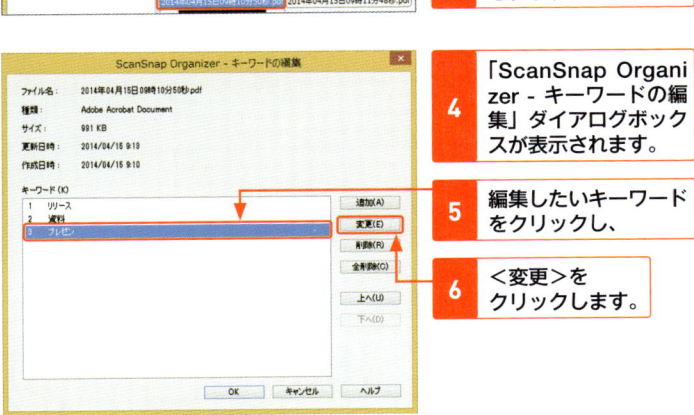

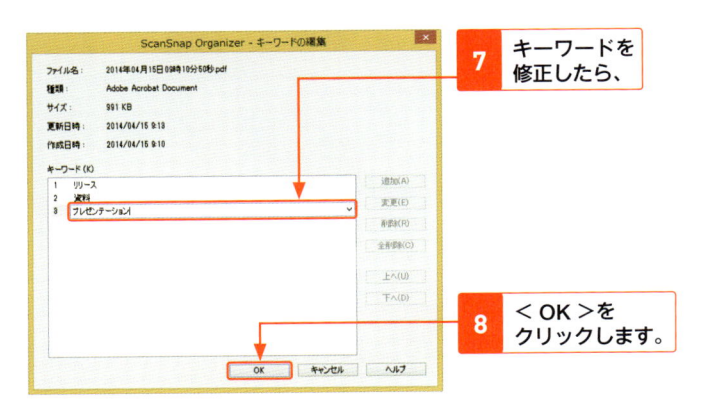

1 ＜ホーム＞をクリックし、

2 ファイルをクリックして、

3 ＜キーワードの編集＞をクリックします。

4 「ScanSnap Organizer - キーワードの編集」ダイアログボックスが表示されます。

5 編集したいキーワードをクリックし、

6 ＜変更＞をクリックします。

7 キーワードを修正したら、

8 ＜ OK ＞をクリックします。

第3章 スキャンデータの活用

75

第3章 スキャンデータの活用

Section 26 スキャンしたビジネス書類をOfficeファイルに変換しよう

ScanSnapでスキャンした紙の書類を、編集したくなる場合があります。PDFでもかんたんな編集は行えますが、ExcelやWordといったOfficeファイルに変換すれば、より自由自在な編集が行えます。

1 PDFファイルをWordファイルに変換する

1 P.52を参考にScanSnap Organizerを起動します。

2 <ホーム>をクリックします。

3 変換したいファイルを選択し、

4 <アプリケーション>(S1300i、S1100では<オフィス機能>)をクリックしたら、

5 <Word文書に変換>をクリックします。

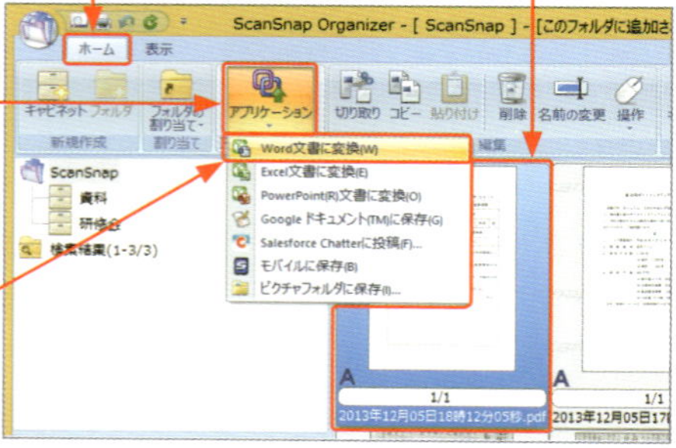

6 初回起動時は使用許諾契約書が表示されます。<同意する>をクリックし、作業を進めます。

7 変換が行われWord形式のファイルが出来上がります。ダブルクリックすると、

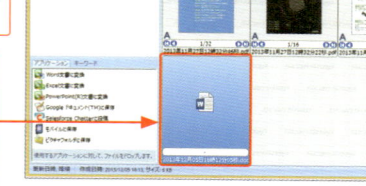

8 Wordで閲覧したり編集したりすることができます。

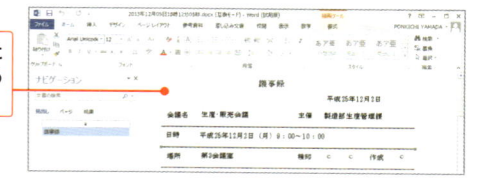

76

2 PDFファイルをExcelファイルに変換する

1 Windowsのアプリビューから< ABBYY Fine Reader for ScanSnap >をクリックして起動します。

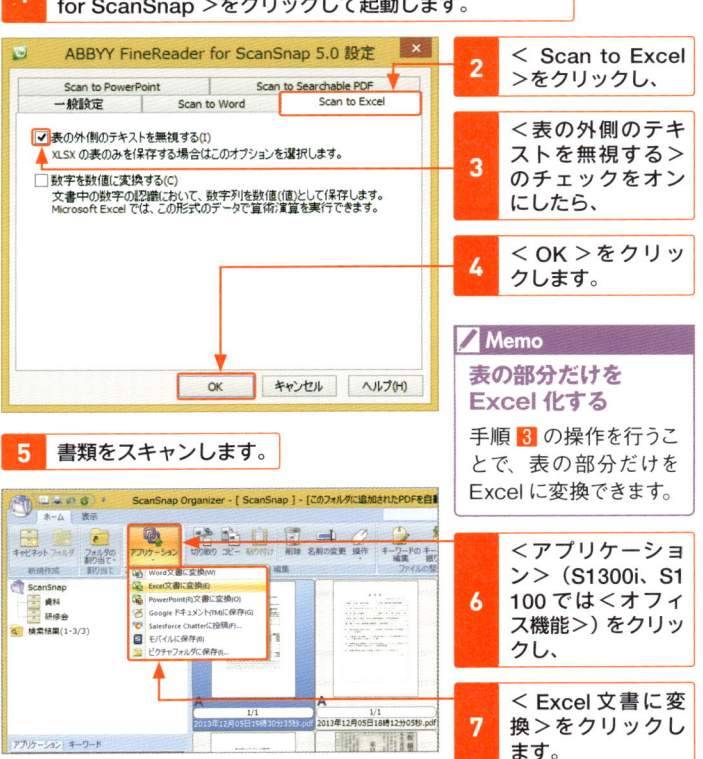

2 < Scan to Excel >をクリックし、

3 <表の外側のテキストを無視する>のチェックをオンにしたら、

4 < OK >をクリックします。

Memo
表の部分だけをExcel化する
手順 3 の操作を行うことで、表の部分だけをExcelに変換できます。

5 書類をスキャンします。

6 <アプリケーション>（S1300i、S1100では<オフィス機能>）をクリックし、

7 < Excel文書に変換>をクリックします。

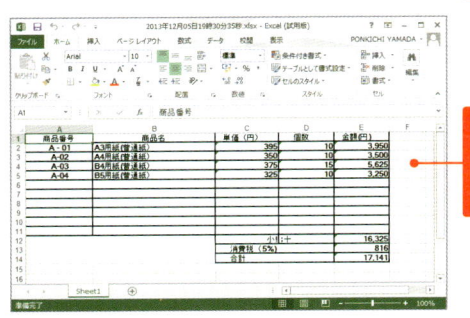

8 PDFファイルの表の部分だけがExcelファイルに変換されます。

第3章 スキャンデータの活用

第3章 スキャンデータの活用

Section 27 スキャンしたビジネス書類を活用しよう

ScanSnapでスキャンした資料をもとに企画書を作成する際、一部のテキストを抜き出したり、画像化したりして、活用したい場合もあるでしょう。ここでは、テキストの抽出とPDFファイルの画像化の方法を紹介します。

1 検索可能なPDFからテキストを抜き出す

1 P.52を参考にScanSnap Organizerを起動します。

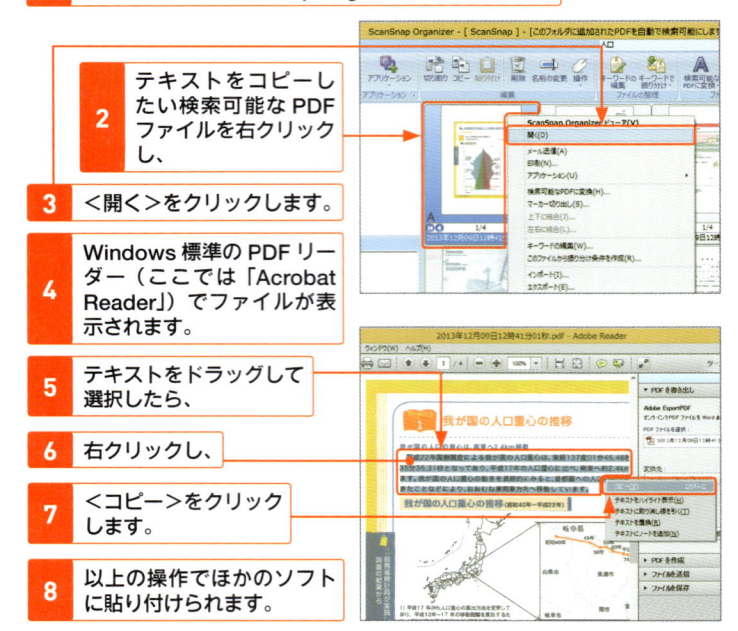

2 テキストをコピーしたい検索可能なPDFファイルを右クリックし、

3 <開く>をクリックします。

4 Windows標準のPDFリーダー(ここでは「Acrobat Reader」)でファイルが表示されます。

5 テキストをドラッグして選択したら、

6 右クリックし、

7 <コピー>をクリックします。

8 以上の操作でほかのソフトに貼り付けられます。

? Hint

テキストのコピー

「ScanSnap Organizerビューア」ではPDFファイル中のテキストを抜き出すことはできませんが、「Acrobat Reader」などのソフトで、PDFファイルを開けばテキストをコピーしてほかのファイルに貼り付けることもできます。

2 PDFファイルを画像に変換して活用する

1 画像に変換したい PDF ファイルをクリックし、

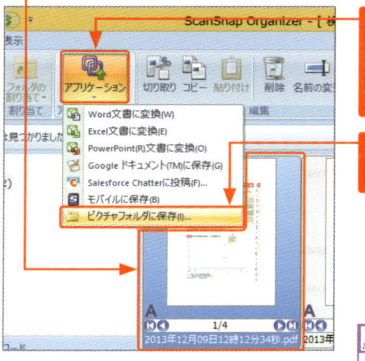

2 <アプリケーション>（S1300i、S1100 では<オフィス機能>）をクリックして、

3 <ピクチャフォルダに保存>をクリックします。

Memo
ファイル名と保存先

この手順 **4** の画面では「ファイル名」と「保存先フォルダ」はあらかじめ設定されていますが、変更することができます。この画面の設定では「保存先フォルダ」は、Windowsの「ピクチャ」フォルダー内の「ScanSnap」になります。

4 <保存>をクリックし、

5 画面が表示されたら続けて< OK >をクリックします。

? Hint
画像の加工

出力した画像ファイルはほかのソフトで開いて、必要な部分のみ切り抜いたり、編集したりすることが可能です。

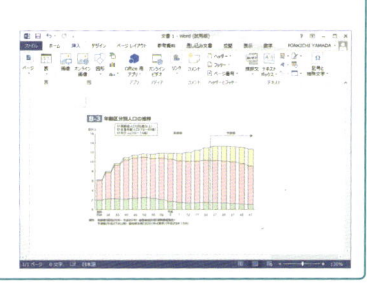

第3章 スキャンデータの活用

Section 28 マニュアルやパンフレットをスキャンしよう

電気製品のマニュアルや製品カタログ類などは冊子になっている場合が多いので、スキャンを行う前に冊子を裁断します。あとは通常の方法でスキャンを行います。ここではファイル名の変更方法も紹介します。

1 製品マニュアルをスキャンする

1 冊子形式のマニュアルの場合は、裁断機などを使って切り離しておきます（Sec.74 参照）。

2 P.36 を参考に「Scan ボタンの設定」画面の詳細項目を表示します。

3 ＜読み取りモード＞をクリックし、

4 iX500、S1300i では＜両面読み取り＞に設定します。

5 ＜ OK ＞をクリックし、

6 スキャンを行います。

7 ScanSnap Organizer ビューアではこのように表示されます。

80

2 ファイル名を変更してわかりやすくする

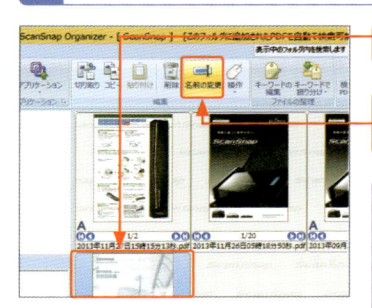

1 ファイルをクリックして、

2 <ホーム>→<名前の変更>をクリックします。

Memo
ファイル名

初期設定では「2014 年 04 月 01 日 15 時 00 分 00 秒 .pdf」といった日付によるファイル名が付けられます。ファイル名は変更するとわかりやすくなります。

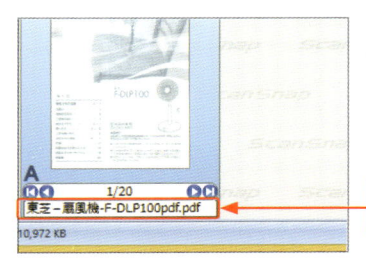

3 製品名などわかりやすいファイル名を入力します。

4 続いて<キーワードの編集>をクリックします。

Memo
キーワードの設定

キーワードを編集しておくと、あとで検索/分類するときに楽になります。

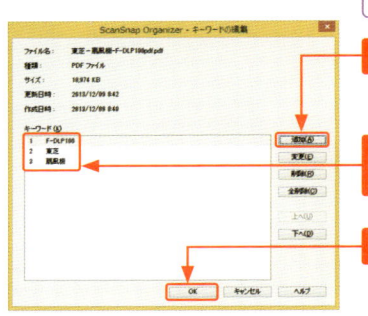

5 <追加>をクリックして、

6 キーワード覧にメーカー名や製品名などを入力します。

7 < OK >をクリックします。

第3章 スキャンデータの活用

第3章 スキャンデータの活用

Section 29 手書きのメモをスキャンしよう

電話番号や用件を書き留めておく紙のメモは、手軽ですがつい紛失してしまいがちなのが難点です。ScanSnapで手書きメモもパソコンにスキャンしておけば、紛失が防げますし、情報の整理にも役立ちます。

1 手書きメモをスキャンする

メモ用紙が小さすぎたり、スキャナにセットできないような特殊な形状をしている場合は、ScanSnap iX500に付属している「A3キャリアシート」を使うとスキャンできます。二重になった透明のシートの間にメモを挟み込んで、スキャンを行えます。

1 A3キャリアシートの間にメモを挟み込みます。

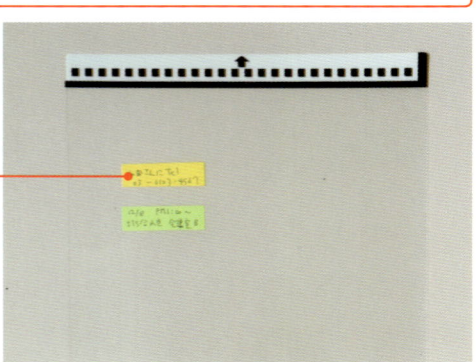

2 メモを挟んだキャリアシートを ScanSnap にセットして、

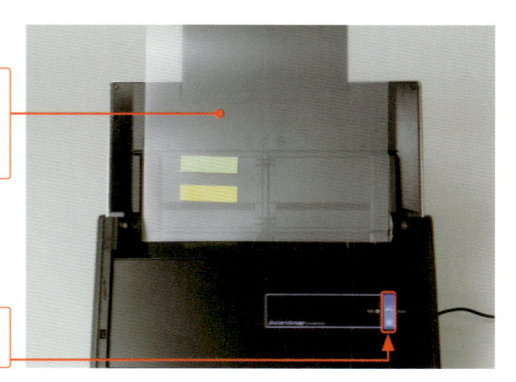

3 < Scan >ボタンを押します。

82

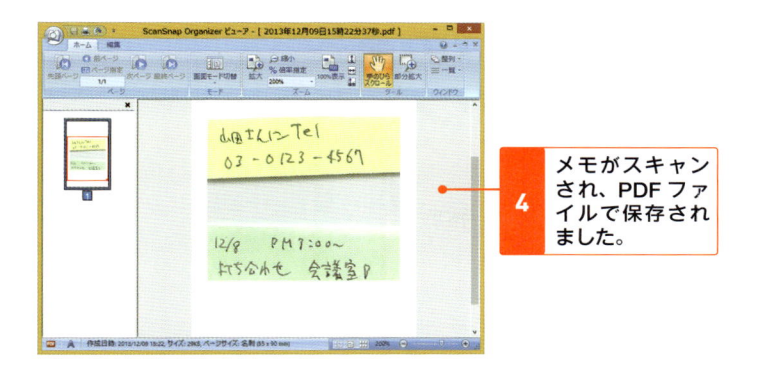

4 メモがスキャンされ、PDFファイルで保存されました。

📝 Memo

キーワードを追加して管理する

ScanSnapでスキャンした手書きメモはいつでも手軽に開いて活用できます。ただし、検索可能なPDFにはできないのでキーワードを追加して管理するとよいでしょう（P.81参照）。

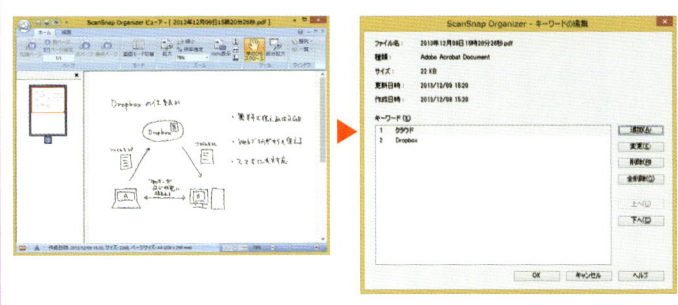

📝 Memo

丸い用紙も OK

A3キャリアシートを使うと、丸い用紙などもスキャンすることが可能です。

第3章 スキャンデータの活用

第3章 スキャンデータの活用

Section 30 紙焼き写真をスキャンしよう

昔の思い出を残した紙の写真は、時間が経つとともに色が褪せたり破けたりして、品質が劣化してしまいます。ScanSnapでスキャンしておけば、思い出を色鮮やかなまま残しておけますし、メールに添付することもできます。

1 紙の写真をスキャンする

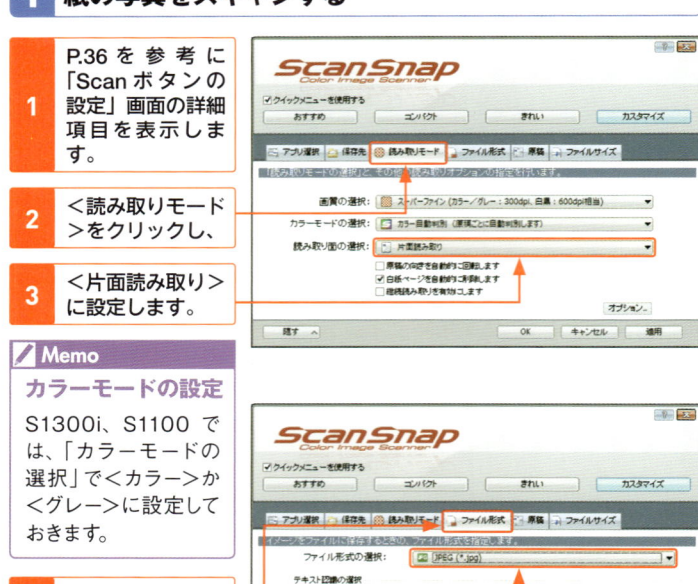

1. P.36を参考に「Scanボタンの設定」画面の詳細項目を表示します。

2. ＜読み取りモード＞をクリックし、

3. ＜片面読み取り＞に設定します。

Memo
カラーモードの設定

S1300i、S1100では、「カラーモードの選択」で＜カラー＞か＜グレー＞に設定しておきます。

4. ＜ファイル形式＞をクリックし、

5. ＜JPEG（＊.jpg）＞に設定します。

Hint
写真の保存形式

紙の写真をスキャンする場合は、JPEG形式でスキャンしておいたほうが、各種画像ソフトで編集を行うことができるので便利です。

電脳会議 紙面版

新規購読会員受付中！

一切無料

『電脳会議』は情報の宝庫、世の中の動きに遅れるな！

電脳会議 Vol.129

今が旬の情報

『電脳会議』は、年6回の不定期刊行情報誌
頁オールカラーで、弊社発行の新刊・近刊
しています。この『電脳会議』の特徴は、単
でなく、著者と編集者が協力し、その本の
やすく説明していることです。平成17年
超え、現在200号に迫っている、出版界で

楽しく挑戦 親切ガイド
[本格派] 自作パソコンの組み立て

~いまパソコンを自作するならCore2 Duoがオススメ!!~

CMSの代表格「WordPress」の魅力とは?

ブログ、使っていますか?

「情報リテラシー」向上ノススメ

見つけたい、熱中できる男の趣味

- 鉄道模型作りを楽しむ
- 一彫人魂 面打ち・仏像彫刻を楽しむ
- やきもの作りを楽しむ
- 釣り道具作りを楽しむ

を満載してお送りします！

A4判・16
雑誌を紹介
の紹介だけ
狙いをわかり
「100号」を
情報誌です。

毎号、厳選ブックガイドも付いてくる!!

『電脳会議』とは別に、1テーマごとにセレクトした優良図書を紹介するブックカタログ（A4判・4頁オールカラー）が2点同封されます。扱われるテーマも、自然科学／ビジネス／起業／モバイル／素材集などなど、弊社書籍を購入する際に役立ちます。

電脳会議 紙面版

新規送付のお申し込みは…

Web検索か当社ホームページをご利用ください。
Google、Yahoo!での検索は、

| 電脳会議事務局 | 検 索 |

当社ホームページからの場合は、

https://gihyo.jp/site/inquiry/dennou

と入力してください。

一切無料！

「電脳会議」紙面版の送付は送料含め費用は一切無料です。
そのため、購読者と電脳会議事務局との間には、
権利&義務関係は一切生じませんので、予めご了承下さい。

株式会社 技術評論社
電脳会議事務局
〒162-0846 東京都新宿区市谷左内町21-13

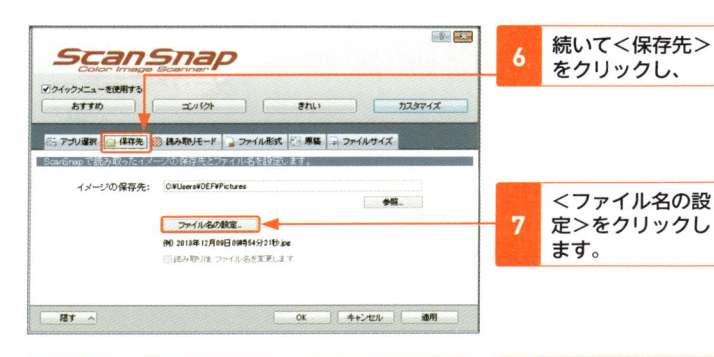

6	続いて＜保存先＞をクリックし、

7	＜ファイル名の設定＞をクリックします。

8	＜自分で名前を付けます＞をクリックし、

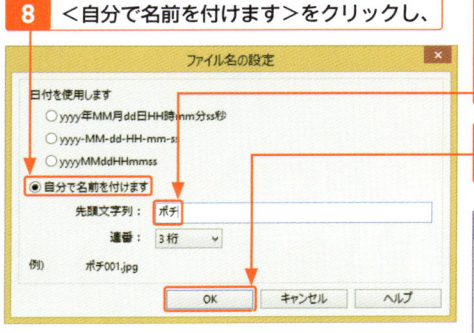

9	＜先頭文字列＞にファイル名の頭につく文字列を入力して、

10	＜OK＞をクリックします。

Memo

ファイル名

旅行時の写真などをまとめてスキャンするときは、ファイル名もわかりやすいものに統一しておいたほうがあとで整理しやすくなります。

11	手順 7 の画面で＜OK＞をクリックします。

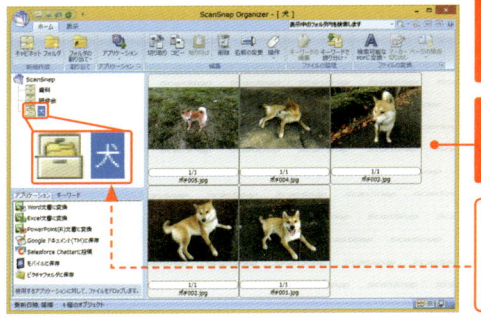

12	写真をScanSnapにセットして、＜Scan＞ボタンを押します。

13	写真がスキャンされ、パソコンに保存されます。

Sec.14を参考にキャビネットやフォルダを作ってまとめておくと便利です。

第3章 スキャンデータの活用

85

第3章 スキャンデータの活用

Section 31 スキャンデータをクラウドで管理しよう

クラウドは、インターネットのサーバー上にデータを置いておき、パソコンやスマートフォンなどさまざまな機器から活用できるようにする仕組みです。クラウドを利用してスキャンしたファイルを便利に活用しましょう。

1 クラウドサービスの仕組み

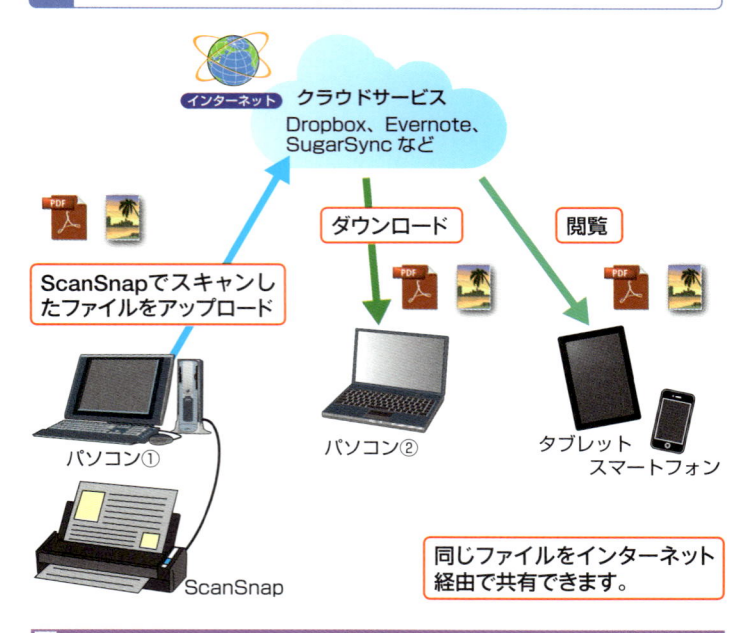

インターネット
クラウドサービス
Dropbox、Evernote、SugarSync など

ScanSnapでスキャンしたファイルをアップロード

ダウンロード

閲覧

パソコン①

ScanSnap

パソコン②

タブレット
スマートフォン

同じファイルをインターネット経由で共有できます。

Memo

クラウドサービスはどのようなときに便利？

クラウドサービスを使うと、インターネットのサーバーにファイルを格納して、複数の端末からそのデータを参照して活用できます。たとえば、会社でスキャンした書類を保存しておき、自宅のパソコンで参照したり、外出先でスマートフォンから閲覧したりといったことが可能です。ネットを経由するので、いちいち複数の端末に同じデータをコピーしたり、USBメモリにデータを入れるなどといった手間が必要ありません。

2 ScanSnapと組み合わせて利用できるクラウドサービス

ScanSnapの付属DVD-ROMからインストールして利用できるクラウドサービスとしては、「Dropbox」と「Evernote」「SugarSync」があります。このほかに「Googleドキュメント」も利用可能です。「Dropbox」は第5章、「Evernote」は第6章でそれぞれ詳しく解説します。

ソフトの導入

クラウドサービス用のソフトをインストールすると、ScanSnapのメニューに追加されます。

Dropbox

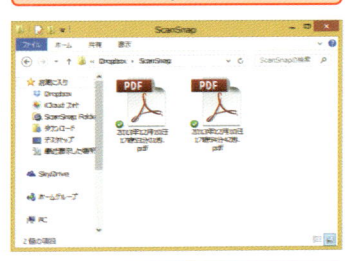

「Dropbox」は複数のパソコンやスマートフォンなどでデータを共有できます。

Evernote

「Evernote」はメモや書類などをインターネットを通じて共有して活用するサービスです。

SugarSync

「SugarSync」も複数のパソコンなどでデータを共有できます。

第3章 スキャンデータの活用

Section 32 身近なものをスキャンしておこう

身のまわりにはさまざまな印刷物や書類があります。一見なんてこともないように思えるものでも、とりあえずスキャンしておくと思わぬときに役に立つものです。気が付いたらどんどんスキャンしておきましょう。

1 身の周りのさまざまなものをスキャンする

さまざまなデータをScanSnapで保存

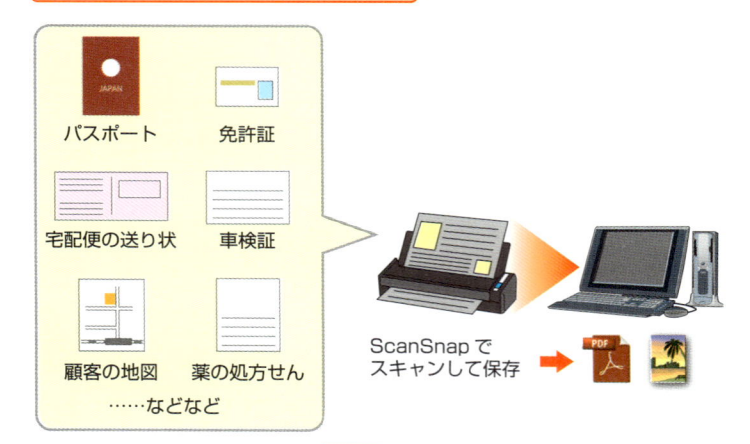

- パスポート
- 免許証
- 宅配便の送り状
- 車検証
- 顧客の地図
- 薬の処方せん
  ……などなど

ScanSnapでスキャンして保存

さまざまなデータを「とりあえず」スキャンしておけば意外なときに役立ちます。

📝 Memo

スキャンしておくと役に立つもの

ScanSnapでスキャンしておくと役に立つものとしては、まず証明書類が挙げられます。パスポートや免許証などはスキャンして保存しておくと、有効期限をチェックしたいときなどに便利です。また証明書のコピーが必要なときは、そのまま印刷して提出できます。宅配便の送り状や請求書なども、送付する前に控えを取っておくと何かあったときに役立ちます。そのほか地図、薬の処方せん、子供の学校のプリント、町内会のおしらせなどなど、さまざまなデータを保存しておくと役立ちます。

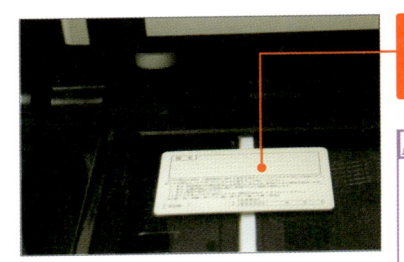

1 免許証などのカードは、コピー機などでいったん紙にコピーします。

Memo

ScanSnap SV600ならコピーは不要

ScanSnap SV600ならば、免許証などのカードをスキャンするときにいちいちコピーをとる必要はありません。背景マットにカードを置き、そのまま直接スキャンすることが可能です。

2 コピーした紙をScanSnapにセットしてスキャンします。

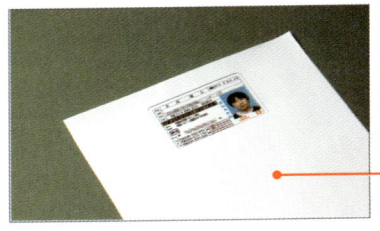

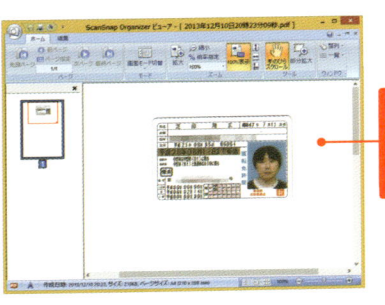

3 ScanSnap Organizerに登録しておくことで、いざというときの有効期限の確認などに使えます。

Memo

デジタル証明書にも使える

パスポートのコピーなどもスキャンしておけば、メールなどでデジタルの身分証明が必要な際などに手軽に相手に送付できます。

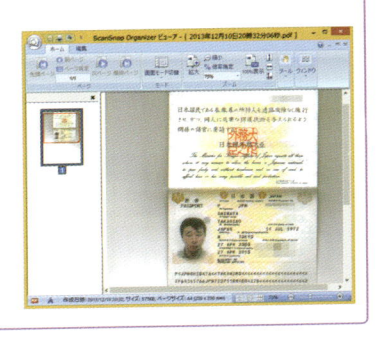

第3章 スキャンデータの活用

Section 33 アルバムソフトでスキャンデータを管理しよう

スキャンしたファイルを画像で保存すると、各種画像関連のソフトが利用できます。ここでは「フォトギャラリー」を使っての管理を紹介します。複数枚の画像をまとめて編集するなど、さまざまな処理が可能で便利です。

1 フォトギャラリーで画像を管理する

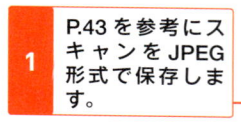

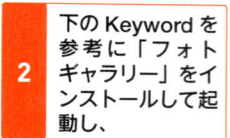

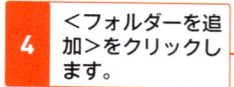

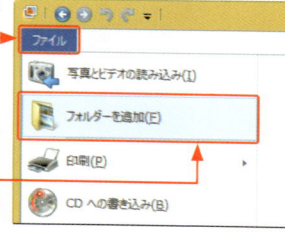

1. P.43を参考にスキャンをJPEG形式で保存します。

2. 下のKeywordを参考に「フォトギャラリー」をインストールして起動し、

3. <ファイル>をクリックし、

4. <フォルダーを追加>をクリックします。

Keyword

フォトギャラリー

「フォトギャラリー」は、マイクロソフトが無料で提供している写真管理・編集ソフトです。露出を調整したり、さまざまな効果を施すことができます。単体でダウンロードできるほか(http://windows.microsoft.com/ja-jp/windows-live/photo-gallery/)、マイクロソフトのソフトウェアをひとまとめにしたパッケージ「Windows Essentials 2012」にも含まれています。

| 5 | 表示される画面で<追加>をクリックし、 |

| 6 | 「ドキュメント」フォルダー内の< ScanSnap >をクリックし、 |

| 7 | <フォルダーを追加>をクリックします。 |

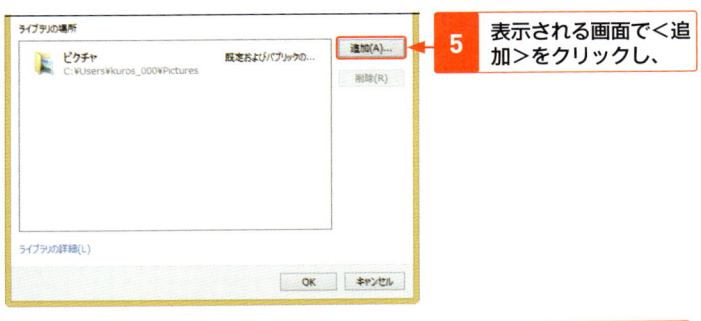

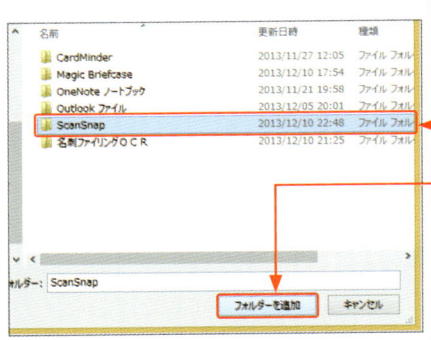

📝 Memo

保存先を変更している場合

Sec.13 の手順でファイルの保存先フォルダーを変更した場合は、手順 6 でそのフォルダーを指定して、<フォルダーを追加>をクリックしてください。

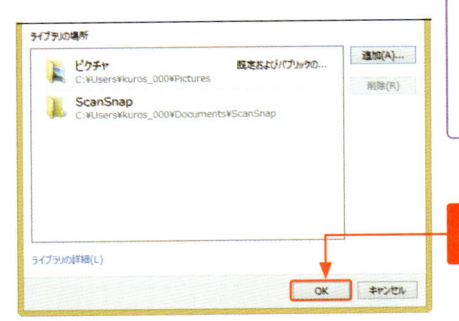

| 8 | 続けて< OK >をクリックします。 |

| 9 | フォルダーが追加され、ScanSnap でスキャンした画像をフォトギャラリーで管理できるようになります。 |

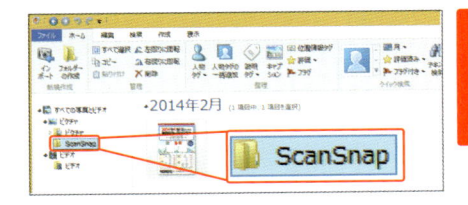

第3章 スキャンデータの活用

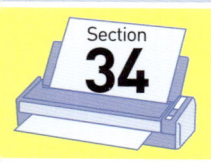

Section 34

e-文書法に対応した設定でスキャンしよう

「e-文書法」は、これまで紙による原本保存が義務づけられていた公的文書や書類を、電子データとして保存することを容認する法律です。ScanSnapでは手軽にe-文書法で定められた設定によるスキャンが行えます。

1 「e-スキャンモード」を設定する

「e-文書法」とは、これまで紙による原本保存が義務づけられていた、見積書や領収書、請求書などを電子化して保存することを認めた法律です。これにより紙を保存しておかなくてもよくなるため、オフィスの省スペース化が図れます。ScanSnap iX500では、e-文書法に対応した「e-スキャンモード」という設定が用意されています。

■e-文書法における各関連省庁のイメージデータ条件

	財務省	厚生労働省
省令	財務省令の国税庁告示に定められた要件	厚生労働省の省令に定められた要件
対象	契約書、領収書（3万円未満）およびこれらの写し、請求書、注文書、見積書など	診療記録など、厚生労働省の定める書類
解像度	200dpi（8ドット/mm）以上	300dpi（12ドット/mm）以上
カラー	24bitカラー（RGB各色256階調）以上	なし
読み取りモード	ファイン（200dpi相当）、カラー（24bit）で対応	スーパーファイン（300dpi相当）、カラー（24bit）で対応

1 通知領域のアイコンを右クリックし、

2 ＜e-スキャンモード＞をクリックします。

次ページ手順1を参照。

3 確認メッセージが表示されるので、＜OK＞をクリックします。

2 設定を確認してファイルを作成する

1. 前ページ手順 1 を参考に<e-スキャンの設定>をクリックします。

2. スキャン時の設定を確認できます。

3. 原本をセットし、ScanSnap の< Scan >ボタンを押してスキャンを実行します。

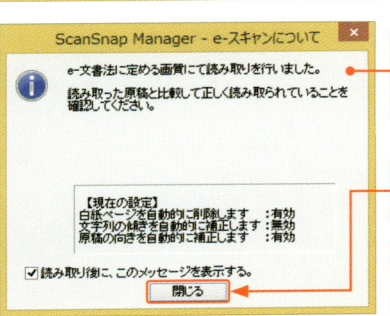

4. スキャンが終了するとこのようなメッセージが表示されます。

5. <閉じる>をクリックします。

6. スキャンしたファイルをダブルクリックすると、e-文書法で定められた画質のファイルが出来上がっていることがわかります。

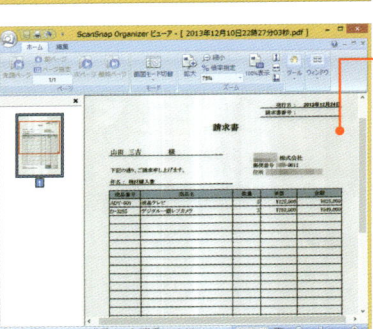

Memo

e-スキャンモードの設定をもとに戻す

<e-スキャンモード>からもとの設定に戻すときは、前ページ手順 1 のあと、<e-スキャンモード>をクリックし、チェックを外します。

第3章 スキャンデータの活用

第3章 スキャンデータの活用

Section 35 案内状やはがきをスキャンしよう

はがきなどの郵便物は、たまってしまうと管理が面倒になります。ScanSnapでスキャンしておけば管理しやすくなりますし、返信する際の宛先を調べるのにも役立ちます。年賀状などもまとめてスキャンしておくとよいでしょう。

1 郵便物をスキャンする

1 P.36 を参考に「Scanボタンの設定」画面の詳細項目を表示します。

2 <読み取りモード>をクリックし、

3 <両面読み取り>に設定します。

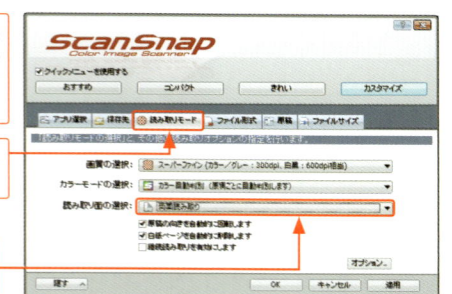

4 <ファイル形式>をクリックし、

5 < PDF >を選択して、

6 <オプション>をクリックします。

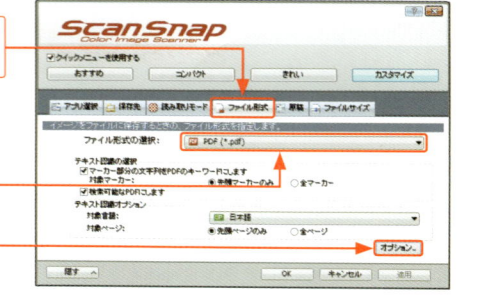

📝 Memo

郵便物をスキャンする際のポイント

郵便物をスキャンして管理するには、はがき1枚を1ファイルとして保存しておくのがポイントです。そのためには、手順 **3** で<両面読み取り>に設定し、手順 **7** で PDF ファイルは設定ページごとに作成する設定にし、ページ数は手順 **8** で両面を意味する「2」に設定します。

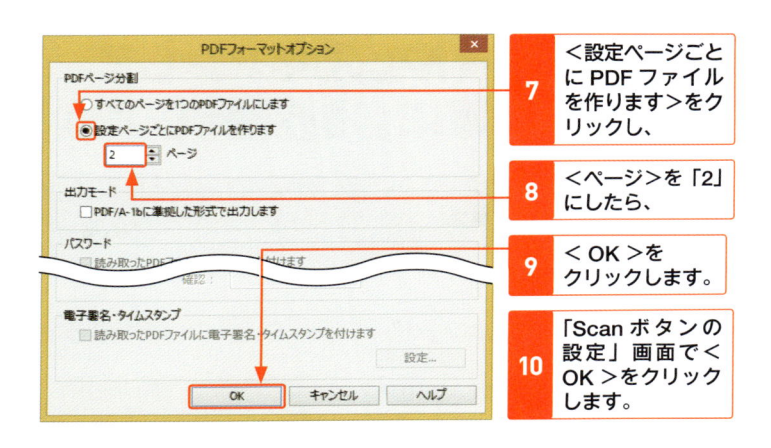

7	<設定ページごとに PDF ファイルを作ります>をクリックし、
8	<ページ>を「2」にしたら、
9	< OK >をクリックします。
10	「Scan ボタンの設定」画面で< OK >をクリックします。
11	はがきをセットし、< Scan >ボタンを押してスキャンを実行します。
12	はがきが PDF ファイルになりました。
13	スキャンしたファイルをダブルクリックすると、ハガキの表裏両面が1ファイルとして保存されていることがわかります。

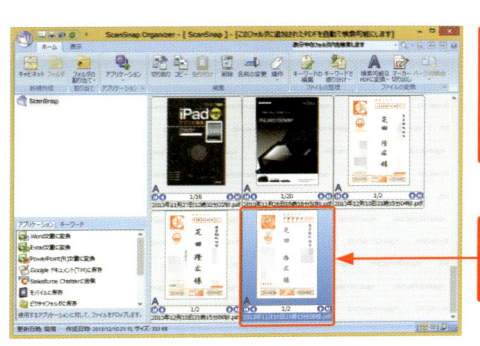

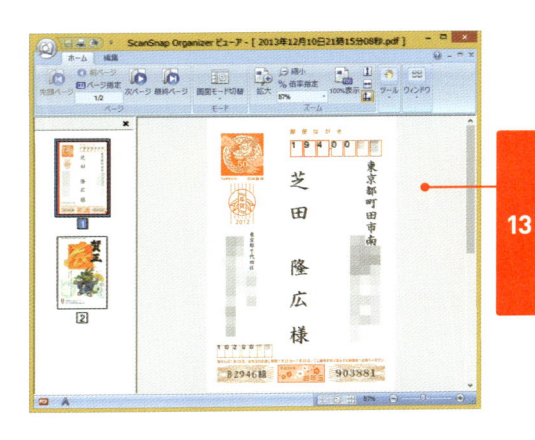

第 3 章　スキャンデータの活用

95

第3章 | スキャンデータの活用

Section 36 レシートをスキャンして家計簿に自動記録しよう

無駄な出費を抑えるためには、日々の出費をきちんと記録して管理する必要があります。ScanSnapの付属ソフトを使えば、レシートをスキャンして、手軽に出費や収入の管理を行うことができます。

1 やさしく家計簿 エントリー2 for ScanSnap を使う

1 付属DVDから<やさしく家計簿 エントリー2 for ScanSnap>をインストールしておきます。

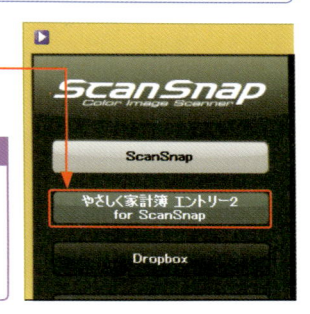

📝 Memo

インストールするソフト

S1300i、S1100では<やさしく家計簿エントリー for ScanSnap>をインストールします。

2 あらかじめScanSnap Organizerは終了しておきます。レシートをセットし、<Scan>ボタンを押してスキャンを実行します。

3 <やさしく家計簿に保存>をクリックします。

4 やさしく家計簿にレシートの画像が読み込まれます。

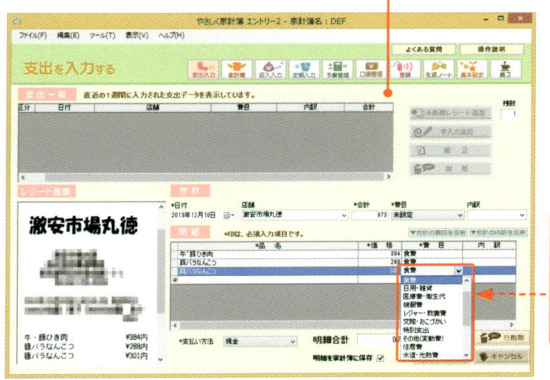

<費目>欄で各項目の費目を入力することが可能です。

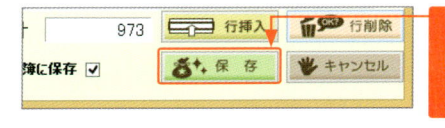

5 <保存>をクリックして、スキャンしたレシートのデータを保存します。

6 <家計簿>をクリックすると、

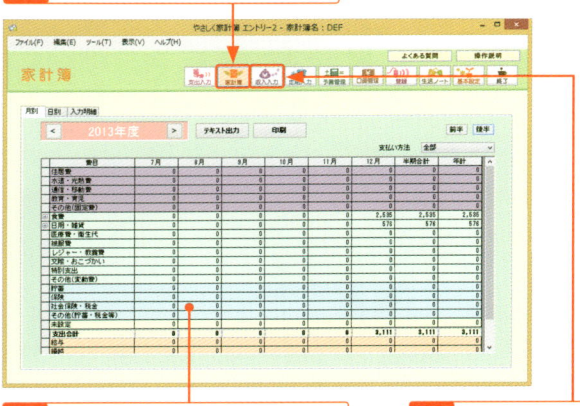

7 スキャンしたレシートの費目を集計して一覧表示できます。

8 <収入入力>をクリックすると、

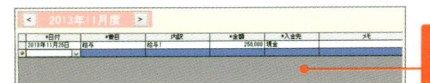

9 給与などの収入を記録することができます。

第3章 スキャンデータの活用

97

第3章 スキャンデータの活用

Section 37

楽²ライブラリSmartで スキャンデータを管理しよう

ScanSnapの「Deluxe」版には「楽²ライブラリ Smart with Magic Desktop」というファイル管理ソフトが付属しています。ScanSnapでスキャンした書類をまるで本棚に並んだバインダのように扱うことができます。

1 楽²ライブラリSmartを使う

1. 付属DVDから「楽²ライブラリ Smart」をインストールします。

2. あらかじめ ScanSnap Organizer を終了しておき、ScanSnapで書類をセットして、スキャンを実行します。

3. <楽²ライブラリ Smart に保存>をクリックします。

4. <新しいバインダ>をクリックし、スキャンしたデータを保存します。

Memo

楽²ライブラリを入手する

「楽²ライブラリ Smart with Magic Desktop」は、ScanSnapの「Deluxe版」およびSV600には標準で付属しています。付属していない場合は、「PFUダイレクト」(http://www.pfu.fujitsu.com/direct/)の直販で購入することが可能です。直販価格は1万8000円です。

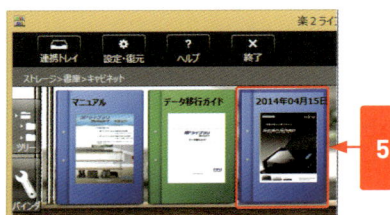

5 新しいバインダが作成され、キャビネットにデータが保存されました。

6 同時に「楽2ライブラリ Smart - ビューア」が開き、スキャンしたファイルの内容が表示されます。

7 <ページ>をクリックすると、

8 編集メニューが表示されます。

9 ×をクリックして、「楽2ライブラリ Smart - ビューア」を閉じます。

選択しているページの削除や回転、ページの追加などの作業を行うことができます。

第3章 スキャンデータの活用

2 バインダを管理する

1. 操作したいバインダをクリックし、

2. ＜バインダ＞をクリックすると、

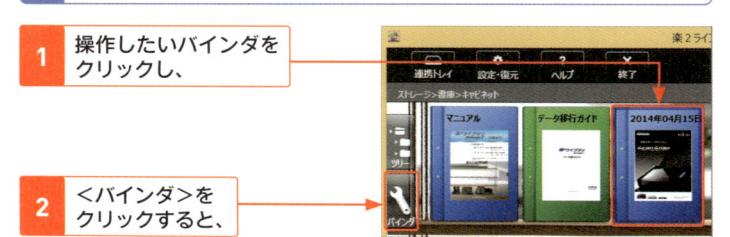

3. メニューが表示されるので、＜設定＞をクリックします。

4. 「バインダの設定」ダイアログボックスが表示されます。

5. 「基本設定」をクリックします。

バインダのタイトルを変更できます。

バインダの表示方法を変更できます。

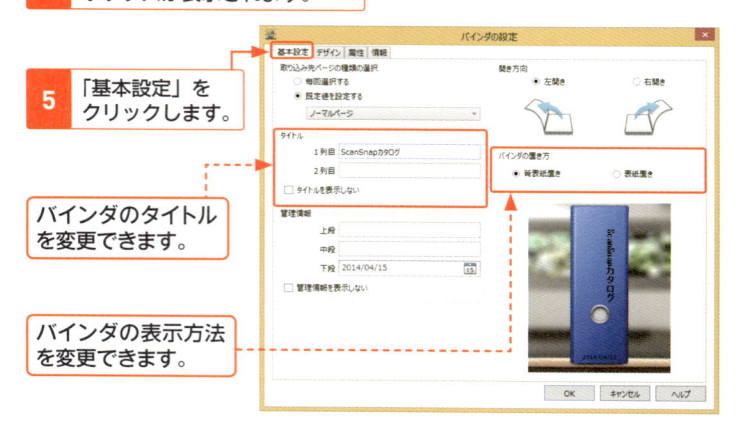

✏ Memo

そのほかのタブ

＜デザイン＞ではバインダの色や幅が、＜属性＞ではパスワードや検索時に役立つキーワードが設定できます。また、＜情報＞では最終更新日時などが確認できます。

第4章

Acrobatの活用

Sec.38 Acrobatで本格的なPDF編集を行おう
Sec.39 ScanSnap OrganizerからAcrobatを起動しよう
Sec.40 ページの余白をカットしよう
Sec.41 書類の綴じ方向を指定しよう
Sec.42 ページ番号を修正しよう
Sec.43 PDFファイルを結合/分割しよう
Sec.44 PDFファイルを圧縮しよう
Sec.45 注釈機能やハイライト機能を活用しよう
Sec.46 しおり機能を活用しよう
Sec.47 PDFファイルをJPEGファイルに変換しよう
Sec.48 PDFファイルをグレースケールに変換しよう
Sec.49 PDFファイルをコピー禁止/印刷禁止にしよう
Sec.50 PDFファイルにパスワードを設定しよう
Sec.51 高速なPDFビューアを使ってみよう

第4章 Acrobatの活用

Section 38 Acrobatで本格的なPDF編集を行おう

iX500とSV600には、「Adobe Acrobat XI Standard」(以下、Acrobat)が付属しています。「ScanSnap Organizer」でもかんたんなPDF編集は行えますが、より本格的な編集を行うなら、Acrobatを活用しましょう。

1 Acrobatをインストールする

1 パソコンのドライブに付属のAcrobatのDVD-ROMを挿入します。

2 Acrobatのインストーラが起動するので、<日本語>を選択し、

3 <OK>→<次へ>をクリックして、インストールを進めます。

4 ここのチェックをオンにし、

5 <次へ>をクリックします。

Memo
AcrobatをデフォルトのPDFビューアにする

手順 4 でチェックをオンにしておくと、PDFファイルのダブルクリック時にAcrobatで開くようになります。

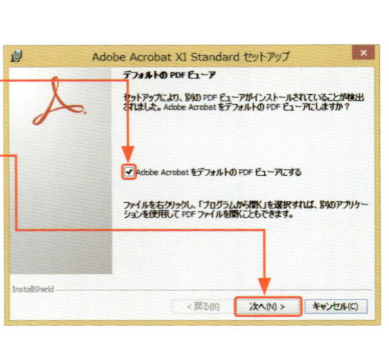

Keyword
Acrobat

Acrobatを利用するとPDFファイルの編集を行うことができます。ページの削除や綴じ方向の設定、複数のPDFの結合、ファイルの圧縮、ファイルをWord文書など別形式に変換するなど、さまざまな用途に利用することが可能です。インストールは付属のDVD-ROMから行います。

6	メールアドレスを入力し、

7	シリアル番号を入力したら、

8	<次へ>をクリックし、ライセンス認証の画面が表示されるので、<次へ>をクリックします。

Memo
シリアル番号

シリアル番号はDVD-ROMの袋に記載されているものを入力します。

9	セットアップタイプは<標準>を選択し、

10	<次へ>をクリックします。

11	<次へ>をクリックします。

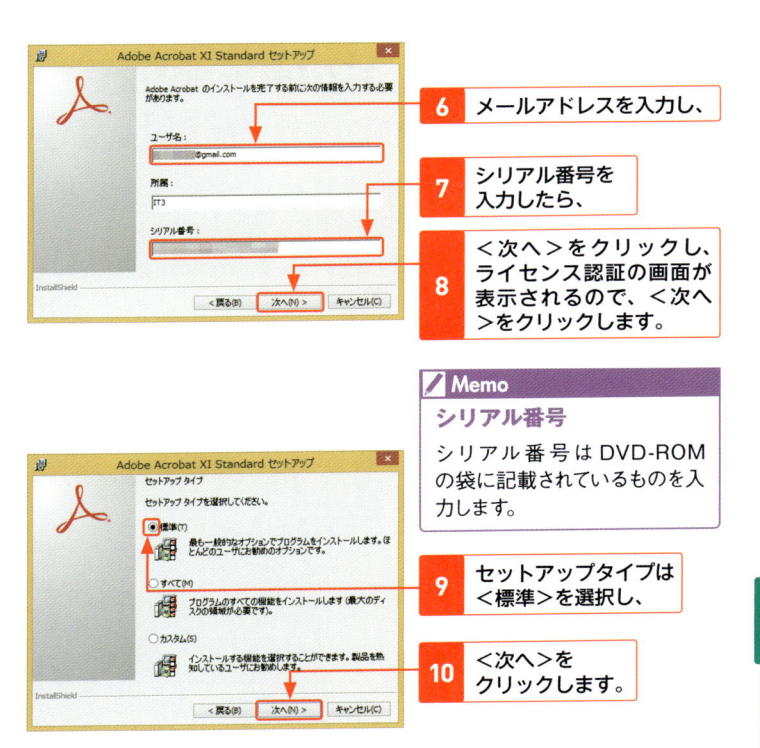

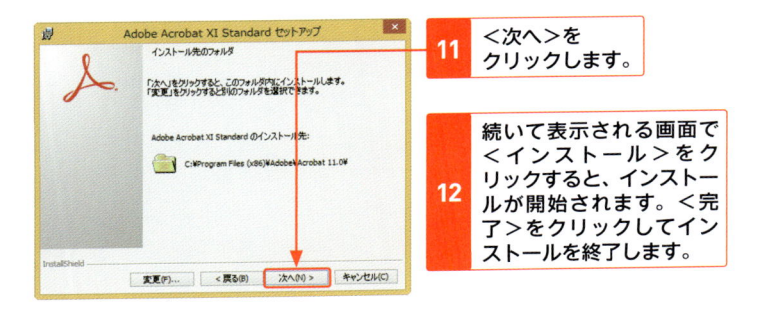

12	続いて表示される画面で<インストール>をクリックすると、インストールが開始されます。<完了>をクリックしてインストールを終了します。

初回起動時には、使用許諾契約書などの同意を求める画面が表示されます。指示にしたがって操作を進めてください。

第4章 Acrobatの活用

第4章 Acrobatの活用

Section 39 ScanSnap OrganizerからAcrobatを起動しよう

「ScanSnap Organizer」は、スキャンしたPDFファイルの縮小画像を見ながら、開くファイルを選択できるので便利です。ここで紹介する手順を使えば、ScanSnap Organizerから手軽にAcrobatを呼び出すことができます。

1 ScanSnap OrganizerからAcrobatを起動する

1. P.52を参考にデスクトップ上にある<ScanSnap Organizer>のショートカットアイコンをダブルクリックします。

2. 左上のボタンをクリックし、

3. <オプション>をクリックします。

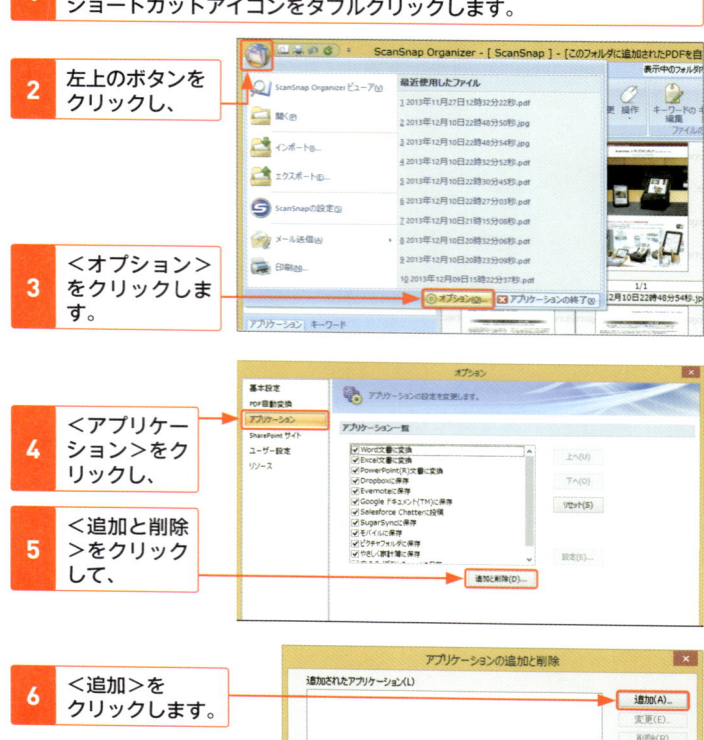

4. <アプリケーション>をクリックし、

5. <追加と削除>をクリックして、

6. <追加>をクリックします。

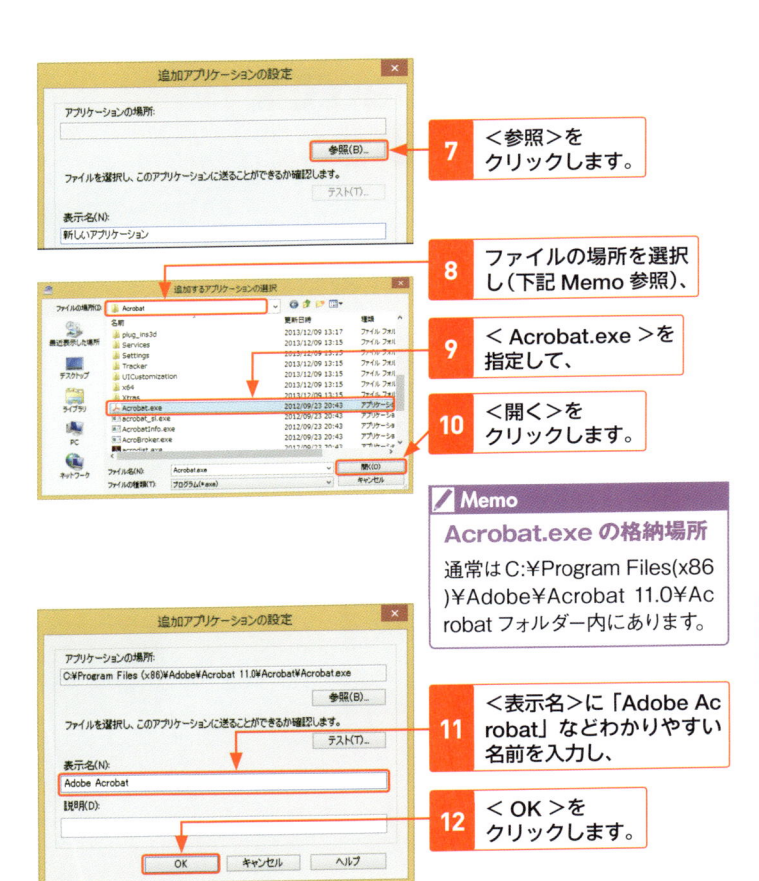

7	<参照>をクリックします。
8	ファイルの場所を選択し(下記 Memo 参照)、
9	< Acrobat.exe >を指定して、
10	<開く>をクリックします。

Memo

Acrobat.exe の格納場所

通常は C:¥Program Files(x86)¥Adobe¥Acrobat 11.0¥Acrobat フォルダー内にあります。

11	<表示名>に「Adobe Acrobat」などわかりやすい名前を入力し、
12	< OK >をクリックします。
13	手順 6 の画面が表示されるので<閉じる>をクリックし、手順 5 の画面で< OK >をクリックします。
14	ファイルを選択し、<アプリケーション>→< Adobe Acrobat >で PDF ファイルを開くことができます。

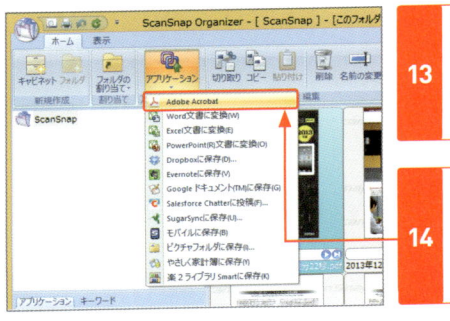

第 4 章 Acrobatの活用

第4章 Acrobatの活用

Section
40

ページの余白を
カットしよう

AcrobatではPDFファイルのページに含まれている余白をカット（トリミング）することができます。余分な余白をなくせば、必要な情報部分をより目立たせることができるほか、ファイルサイズも小さくすることが可能です。

1 Acrobatでページの余白をカットする

1 前ページの手順14を参考に編集したいPDFファイルを開き、

2 ＜ツール＞をクリックします。

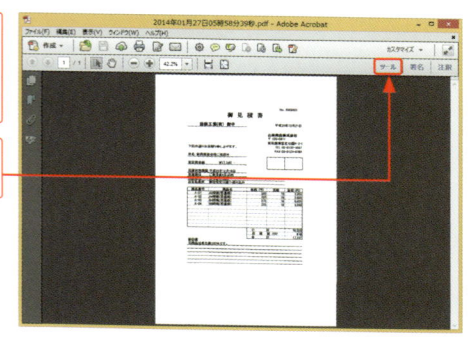

3 メニューが表示されたら、＜ページ＞をクリックし、

Memo

ツールメニューの表示

手順 **3** で表示されたメニューを消すには、もう一度＜ツール＞をクリックします。また、「ツール」が「一般的なツール」と表示されている場合は、その上にある＜カスタマイズ＞をクリックして、＜デフォルトのツール＞をクリックしてください。

4 ＜トリミング＞をクリックします。

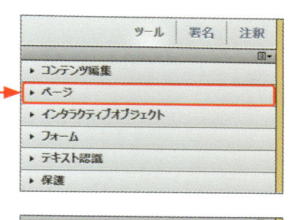

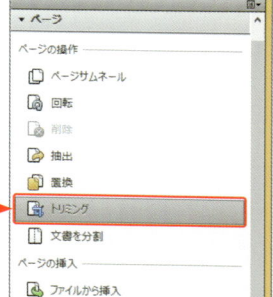

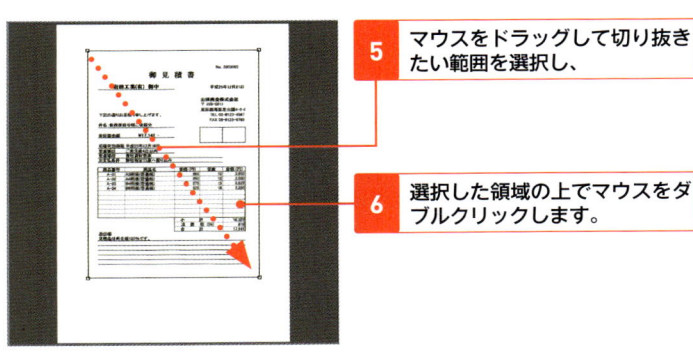

5 マウスをドラッグして切り抜きたい範囲を選択し、

6 選択した領域の上でマウスをダブルクリックします。

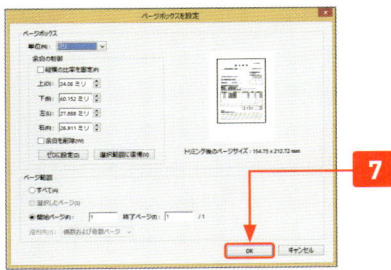

7 ＜OK＞をクリックします。

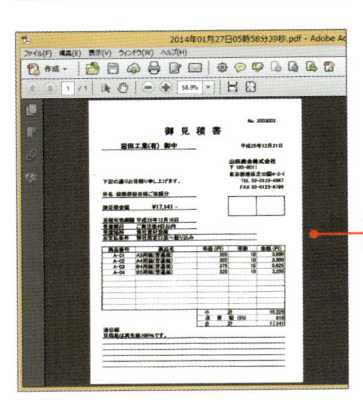

8 不要な余白が削除されました。

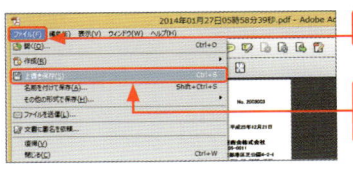

9 ＜ファイル＞をクリックし、

10 ＜上書き保存＞をクリックして、保存します。

第4章 Acrobatの活用

Section 41

書類の綴じ方向を指定しよう

本の場合、のりづけやホッチキスなどの製本部分が、縦書きか横書きかによって違います。基本的に縦書きは綴じ部分が右側、横書きは綴じ部分が左側になります。Acrobatではスキャン後に綴じ方向も指定することができます。

1 書類の綴じ方向を変更する

1 Acrobatで、スキャンしたPDFファイルを開きます。

2 ＜表示＞→＜ページ表示＞→＜見開きページ表示＞とクリックします。

3 ScanSnapの標準設定では横書き用の左綴じ設定になっています。

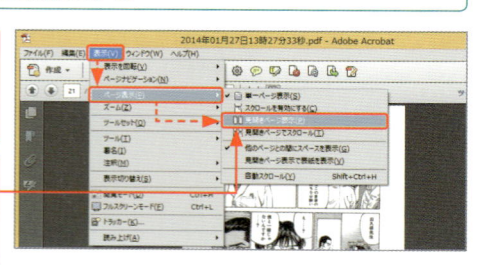

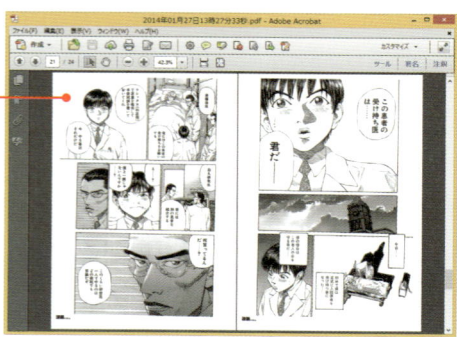

Memo

書類や本の綴じ方向

PDFファイルを閲覧するとき、1つのウィンドウに1ページだけ表示している場合は、右綴じでも左綴じでも変わりません。しかし2ページを左右に並べて表示した場合に、綴じ方向が間違っているとページの並び順が逆になってしまいます。とくにマンガなどをスキャンした場合は、縦書きの場合が多く、左右ページをつないだ見開きのコマもあるので、忘れずに右綴じにしておくとよいでしょう。

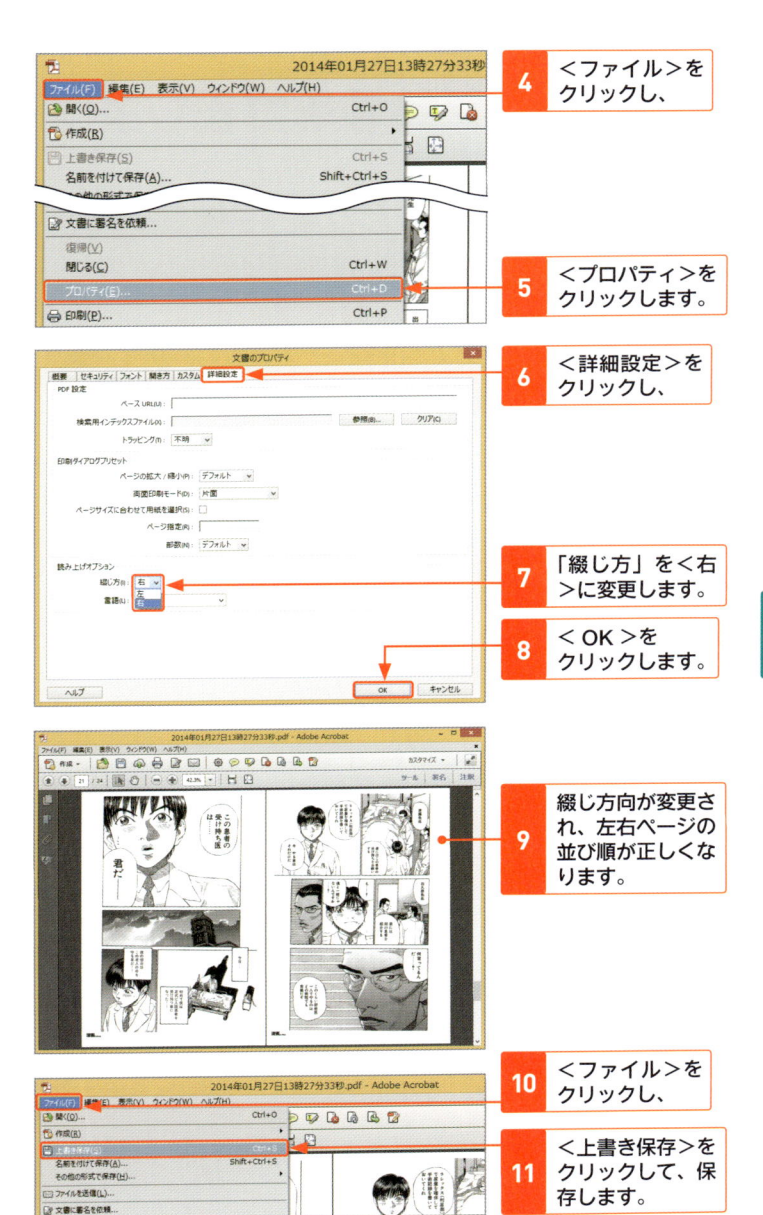

4	<ファイル>をクリックし、
5	<プロパティ>をクリックします。
6	<詳細設定>をクリックし、
7	「綴じ方」を<右>に変更します。
8	<OK>をクリックします。
9	綴じ方向が変更され、左右ページの並び順が正しくなります。
10	<ファイル>をクリックし、
11	<上書き保存>をクリックして、保存します。

「ブラックジャックによろしく」(C) 佐藤秀峰(漫画 on Web http://mangaonweb.com)

第4章 Acrobatの活用

Section 42

ページ番号を修正しよう

PDFファイルは通常最初のページが「1ページ目」となります。Acrobatを使うと、各ページに割り振られたページ番号を変更できます。書類の一部をスキャンしたときに、PDFと印刷されたページ番号を揃えたいときに便利です。

1 元の書類とPDFファイルのページ番号の関係を知る

書類や書籍の中から、一部分だけをスキャンすると、印刷されているページ番号と、PDFファイル内で割り振られているページ番号が違ったものになってしまうことがあります。たとえば書類には「3」と印刷されているのに、PDFファイル内では「1ページ目」といった具合です。この場合、印刷範囲を指定するときや、ページをジャンプするときに不便なことがあるので、Acrobatを使ってページ番号を印刷されたものと揃えておくとよいでしょう。

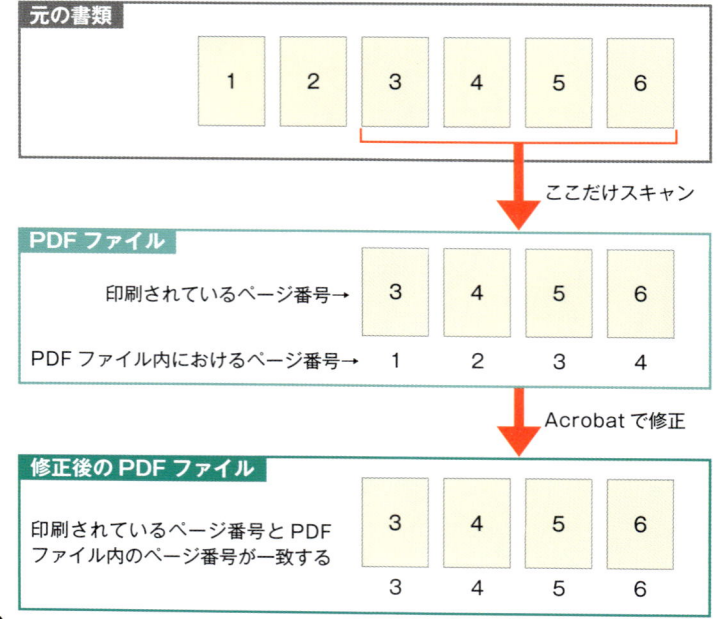

元の書類

| 1 | 2 | 3 | 4 | 5 | 6 |

ここだけスキャン

PDFファイル

印刷されているページ番号→ 3　4　5　6

PDFファイル内におけるページ番号→ 1　2　3　4

Acrobatで修正

修正後のPDFファイル

印刷されているページ番号とPDFファイル内のページ番号が一致する

3　4　5　6
3　4　5　6

2 ページ番号を変更する

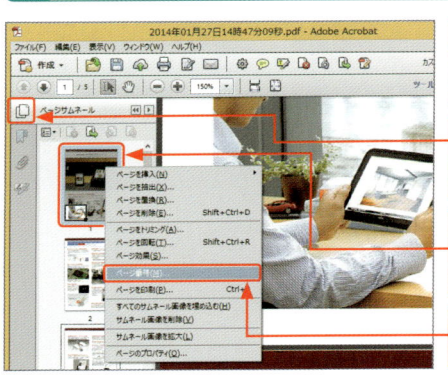

1. Acrobatで、PDFファイルを開きます。
2. 🗐 をクリックして、「ページサムネール」を表示し、
3. ページ番号を変更したいページを右クリックして、
4. <ページ番号>をクリックします。
5. <すべて>をクリックし、
6. <新セクション開始>をクリックします。 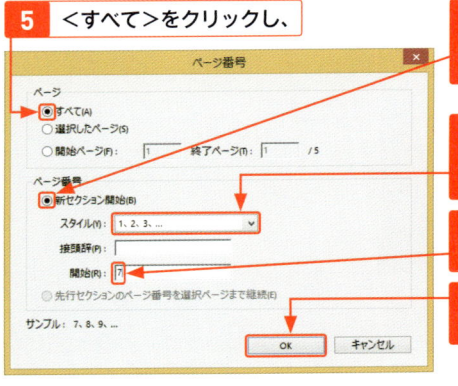
7. 「スタイル」を<1、2、3、…>に設定し、
8. 「開始」を<7>に変更します。
9. <OK>をクリックします。
10. ページ番号が「7」から始まるように設定されました。 

📝 Memo

ページサムネールの非表示

表示したページサムネールを非表示にするには、再度 🗐 をクリックします。

第4章 Acrobatの活用

Section 43

PDFファイルを結合／分割しよう

Acrobatを使えば、複数のPDFファイルを1個のファイルにまとめることができます。またPDFファイルの中から、一部分を抜き出して別ファイルとして保存することも可能です。

1 PDFファイルを結合する

1 Acrobatを起動して＜作成＞をクリックし、

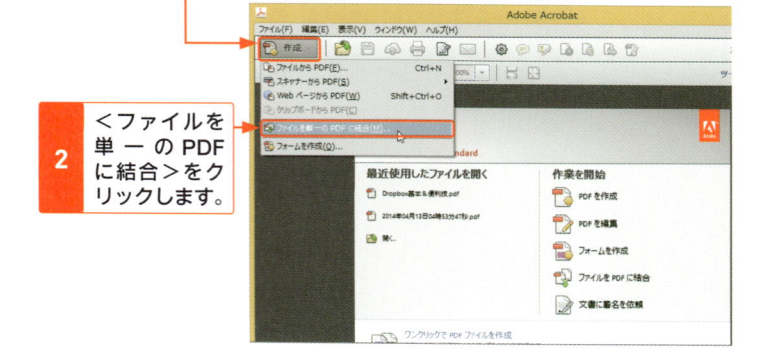

2 ＜ファイルを単一のPDFに結合＞をクリックします。

3 ＜ファイルを結合＞ウィンドウが開きます。

＜ファイルを結合＞ウィンドウ

ScanSnap Organizerやほかのウィンドウからドラッグ＆ドロップできます。

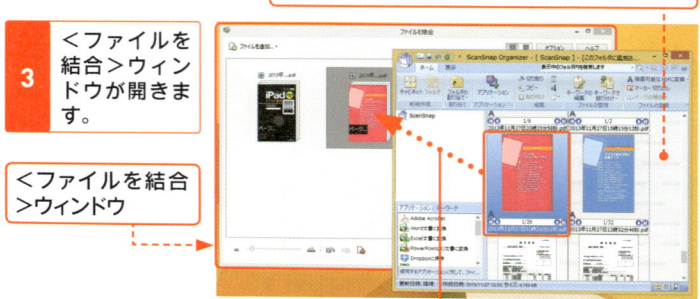

4 結合したい順にファイルをドラッグ＆ドロップで追加します。

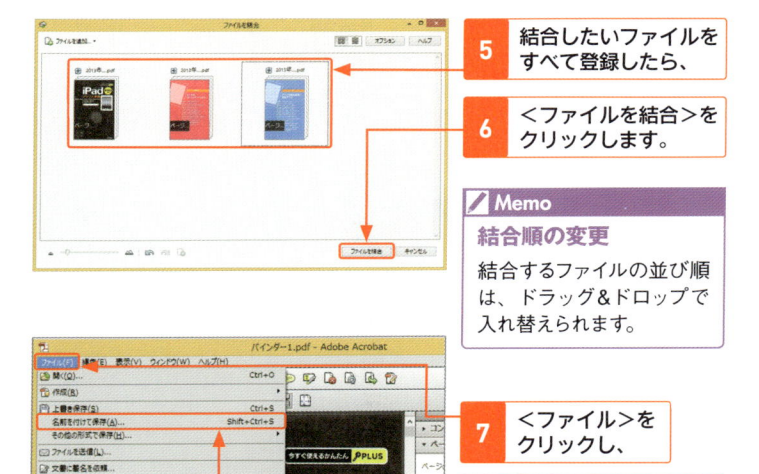

5 結合したいファイルをすべて登録したら、

6 <ファイルを結合>をクリックします。

Memo
結合順の変更

結合するファイルの並び順は、ドラッグ&ドロップで入れ替えられます。

7 <ファイル>をクリックし、

8 <名前をつけて保存>をクリックして、ファイルを保存します。

2 PDFファイルから一部分だけ抜き出す

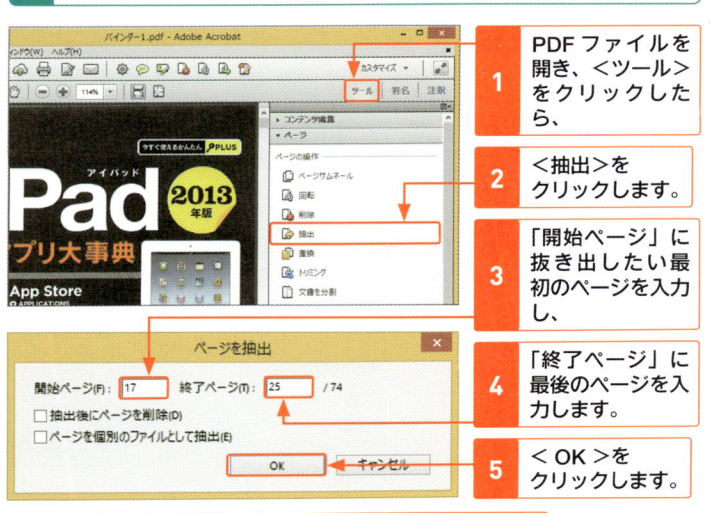

1 PDFファイルを開き、<ツール>をクリックしたら、

2 <抽出>をクリックします。

3 「開始ページ」に抜き出したい最初のページを入力し、

4 「終了ページ」に最後のページを入力します。

5 <OK>をクリックします。

6 一部を抜き出したPDFが作成されるので、上記手順 7、8 を参考に名前を付けてファイルを保存します。

第4章 Acrobatの活用

Section 44 PDFファイルを圧縮しよう

ページ数の多い書類などをスキャンすると、PDFファイルのサイズはかなり大きくなります。AcrobatではPDFファイルを圧縮してサイズを小さくできます。メールにPDFファイルを添付したいときなどに利用するとよいでしょう。

1 PDFファイルを圧縮してサイズを小さくする

1 圧縮したいファイルをAcrobatで開きます。

2 <ファイル>をクリックし、

3 <その他の形式で保存>をクリックして、

4 <サイズが縮小されたPDF>をクリックします。

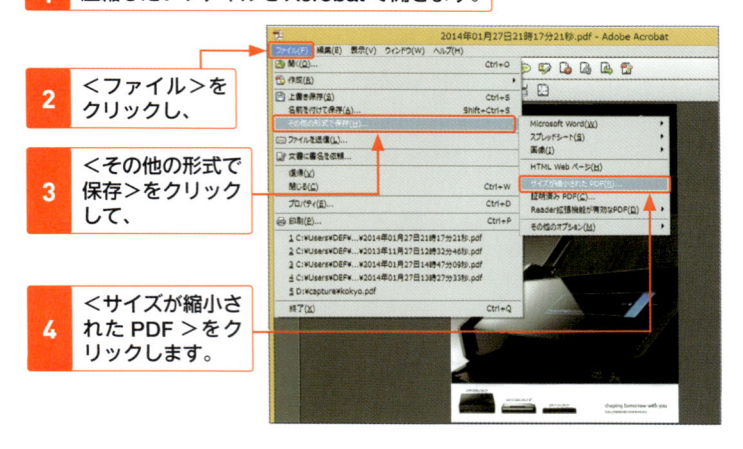

5 確認メッセージが表示された場合は、<はい>をクリックします。

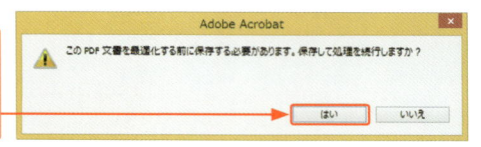

Memo

PDFファイルの圧縮

ここでは、とくにZIPなどの圧縮フォーマットによるものではなく、PDFデータそのものを圧縮しています。展開作業を行う必要がないので便利です。

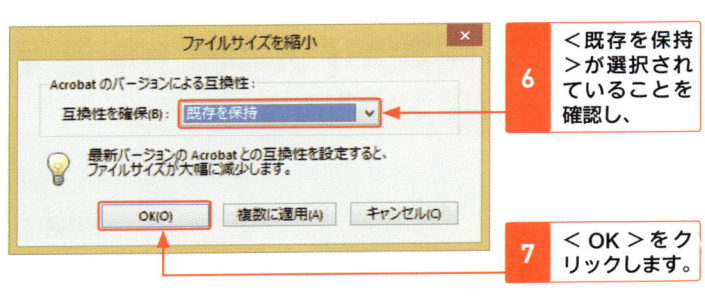

ファイルサイズを縮小

6 <既存を保持>が選択されていることを確認し、

Acrobat のバージョンによる互換性:
互換性を確保(B): 既存を保持

最新バージョンの Acrobat との互換性を設定すると、ファイルサイズが大幅に減少します。

7 < OK >をクリックします。

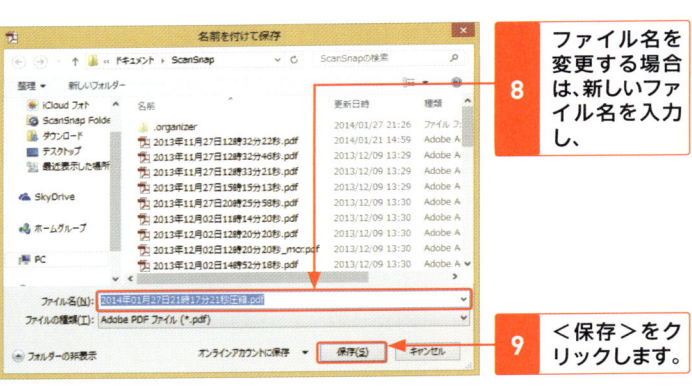

---

8 ファイル名を変更する場合は、新しいファイル名を入力し、

9 <保存>をクリックします。

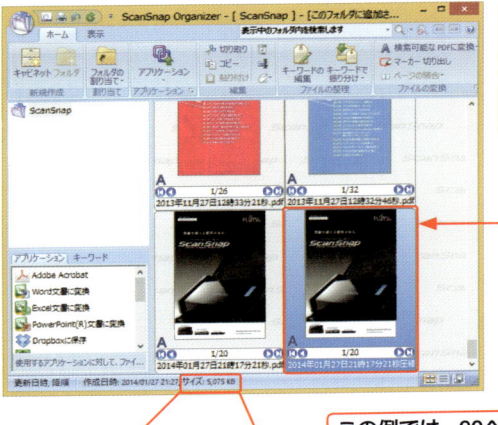

---

10 保存処理が行われ、圧縮されたファイルが作成されます。

この例では、20ページ7343KBのファイルが、5075KBまで縮小されました。

サイズ: 5,075 KB

第4章 Acrobatの活用

115

第4章 Acrobatの活用

Section 45

注釈機能やハイライト機能を活用しよう

Acrobatを利用すれば、PDFファイルに注釈を入れたり、文字が目立つように蛍光ペンを塗ったようなハイライトを入れることが可能です。スキャンした書類にメモ書きを入れたり、修正点を明示したりしたいときに便利です。

1 注釈を入れる

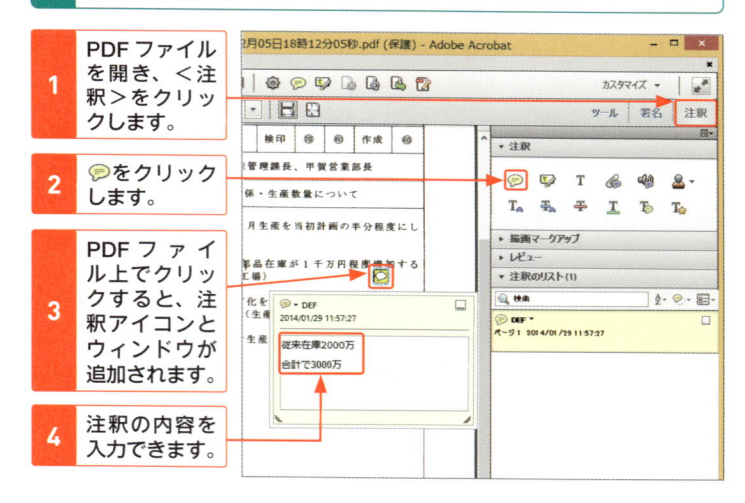

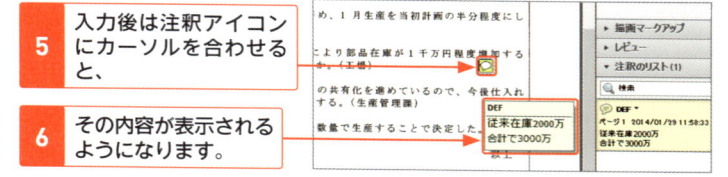

1. PDFファイルを開き、<注釈>をクリックします。
2. 💬をクリックします。
3. PDFファイル上でクリックすると、注釈アイコンとウィンドウが追加されます。
4. 注釈の内容を入力できます。
5. 入力後は注釈アイコンにカーソルを合わせると、
6. その内容が表示されるようになります。

Memo

注釈の表示

注釈アイコンをクリックすると、内容を表示するウィンドウは非表示になります。注釈アイコンをダブルクリックすると、内容を表示するウィンドウが表示されます。

2 ハイライトを入れる

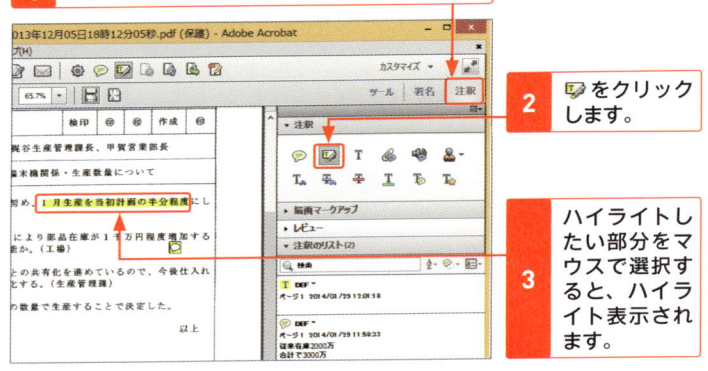

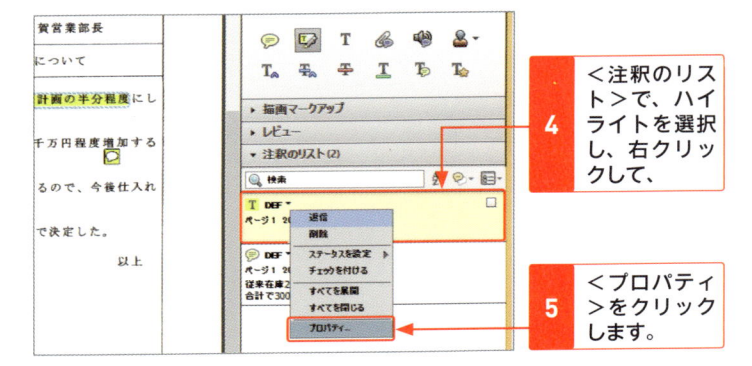

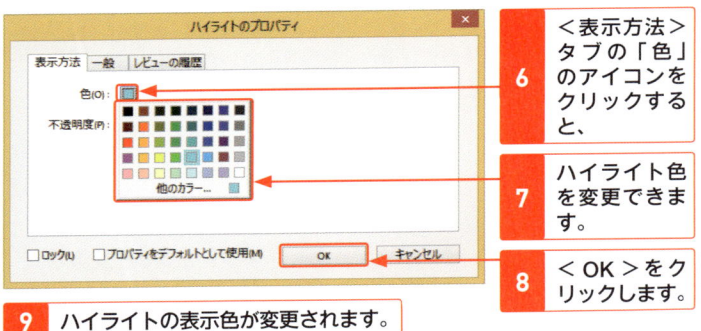

1 PDFファイルを開いて<注釈>をクリックし、

2 🗒 をクリックします。

3 ハイライトしたい部分をマウスで選択すると、ハイライト表示されます。

4 <注釈のリスト>で、ハイライトを選択し、右クリックして、

5 <プロパティ>をクリックします。

6 <表示方法>タブの「色」のアイコンをクリックすると、

7 ハイライト色を変更できます。

8 <OK>をクリックします。

9 ハイライトの表示色が変更されます。

第4章 Acrobatの活用

Section
46

しおり機能を活用しよう

ページ数の多いPDFを閲覧しているときは、「どこまで読んだか」「よくチェックするページ」などを示す「しおり」を入れると便利です。Acrobatでは複数のしおりを入れて、PDFを効率的に読み進めることができます。

1 しおりを入れる

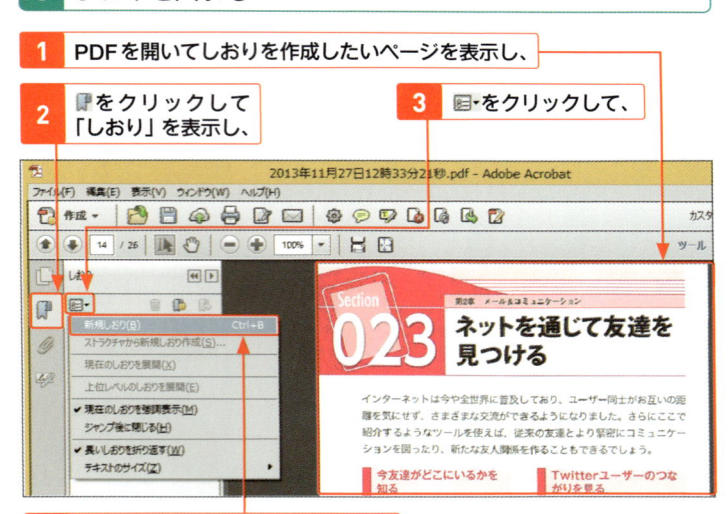

1 PDFを開いてしおりを作成したいページを表示し、

2 📑 をクリックして「しおり」を表示し、

3 📄▾ をクリックして、

4 <新規しおり>をクリックします。

5 しおりが追加されるので、続けて名前を入力します。

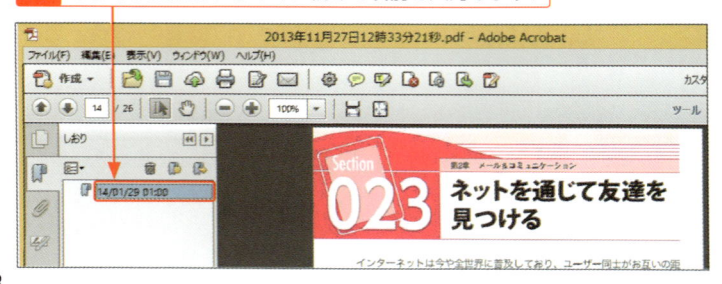

2 しおりを管理する

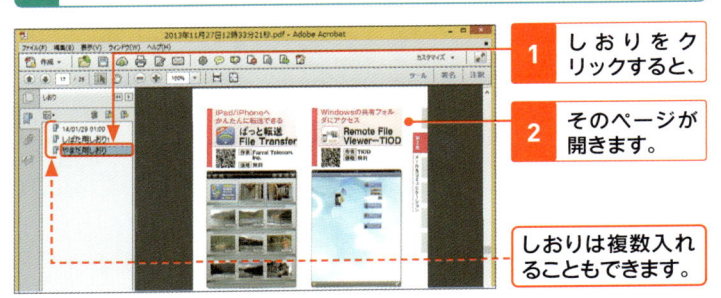

1. しおりをクリックすると、
2. そのページが開きます。

しおりは複数入れることもできます。

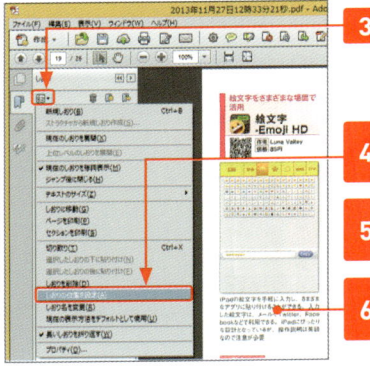

3. 🔽をクリックし、
4. ＜しおりの位置を設定＞をクリックして、
5. 確認画面が表示されるので、＜はい＞をクリックすると、
6. しおりの位置が現在開いているページに変更されます。

Memo

しおりの表示を変更する

しおり上で右クリックし、表示されるメニューから＜プロパティ＞をクリックすると、しおりの表示設定を変更することができます。

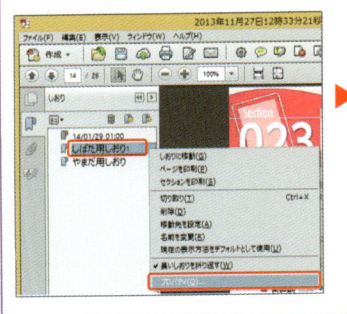

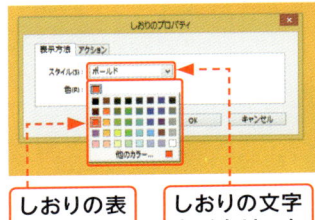

しおりの表示色が変更できます。

しおりの文字をイタリックやボールドにできます。

第4章 Acrobatの活用

第4章 Acrobatの活用

Section 47 PDFファイルをJPEGファイルに変換しよう

Acrobatでは、PDFファイルをそのほかの形式に変換することができます。JPEGなどの画像ファイル形式で保存すれば、フォトレタッチソフトやペイントソフトなど、画像編集ソフトを使ってさまざまに加工することが可能です。

1 PDFファイルをJPEGファイルとして保存する

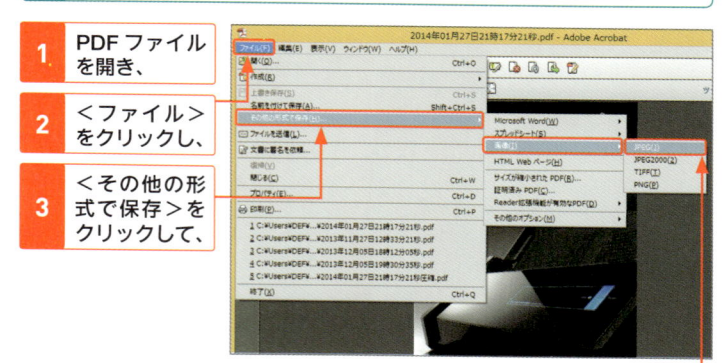

1. PDFファイルを開き、
2. ＜ファイル＞をクリックし、
3. ＜その他の形式で保存＞をクリックして、
4. ＜画像＞→＜JPEG＞をクリックします。

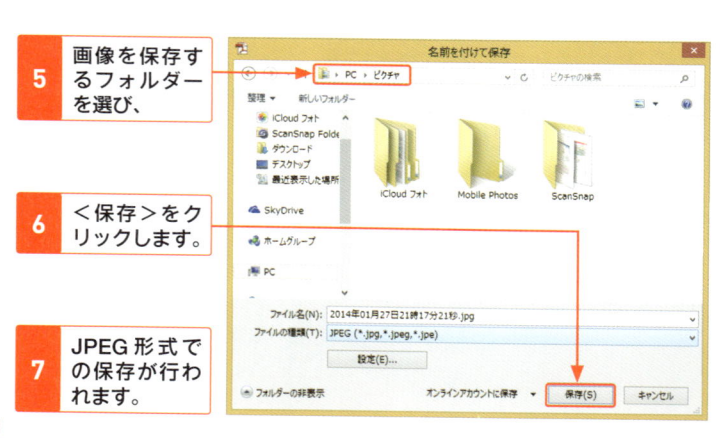

5. 画像を保存するフォルダーを選び、
6. ＜保存＞をクリックします。
7. JPEG形式での保存が行われます。

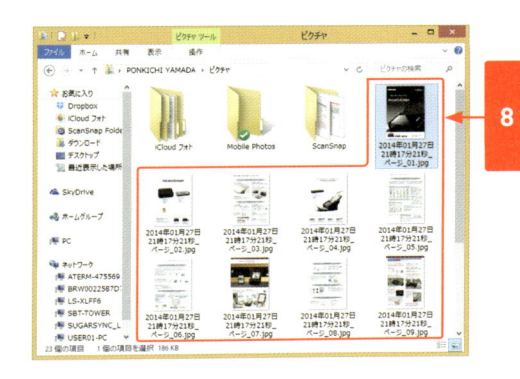

8 作業が終了すると、フォルダーに画像ファイルが出来上がります。

9 保存した画像は各種ソフトで開いて、編集することができます。

Memo

画像形式以外で保存する

手順 4 で<その他の形式で保存>をクリックすると、Word 形式などで保存することもできます。出力した Word ファイルは、Microsoft Word や Windows のワードパッドで編集することができます。

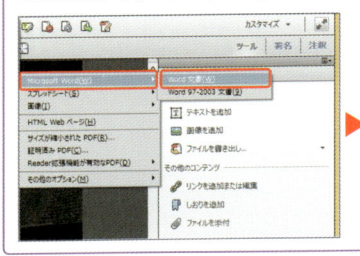

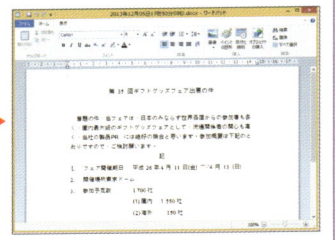

第4章 | Acrobatの活用

Section 48 PDFファイルをグレースケールに変換しよう

カラーでスキャンした書類を白黒にしたいときにもAcrobatは役に立ちます。PDFをいったんグレースケールで出力してから、もう一度PDFに変換し直すことで、コントラストのあるきれいな白黒ページにすることが可能です。

1 PDFファイルをグレースケールに変換する

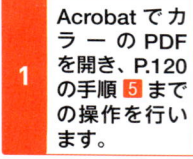

1. Acrobatでカラーの PDF を開き、P.120の手順 5 までの操作を行います。

2. <名前を付けて保存>画面で<設定>をクリックします。

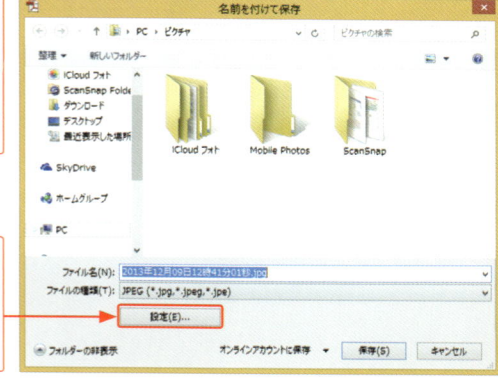

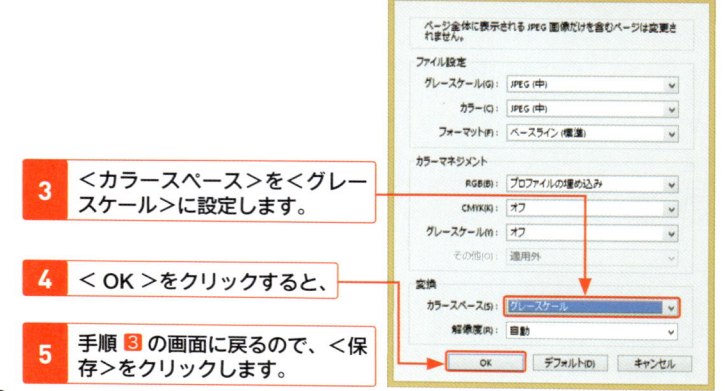

3. <カラースペース>を<グレースケール>に設定します。

4. < OK >をクリックすると、

5. 手順 3 の画面に戻るので、<保存>をクリックします。

6	PDF がグレースケールの JPEG 画像として保存されます。
7	Acrobat で<作成>をクリックし、
8	<ファイルを単一の PDF に結合>をクリックします。
9	<ファイルを結合>画面が表示されるので、手順 7 で保存した白黒画像を、ドラッグ＆ドロップで登録します。
10	<ファイルを結合>をクリックします。
11	グレースケールに変換されたPDFファイルが完成しました。

第4章 Acrobatの活用

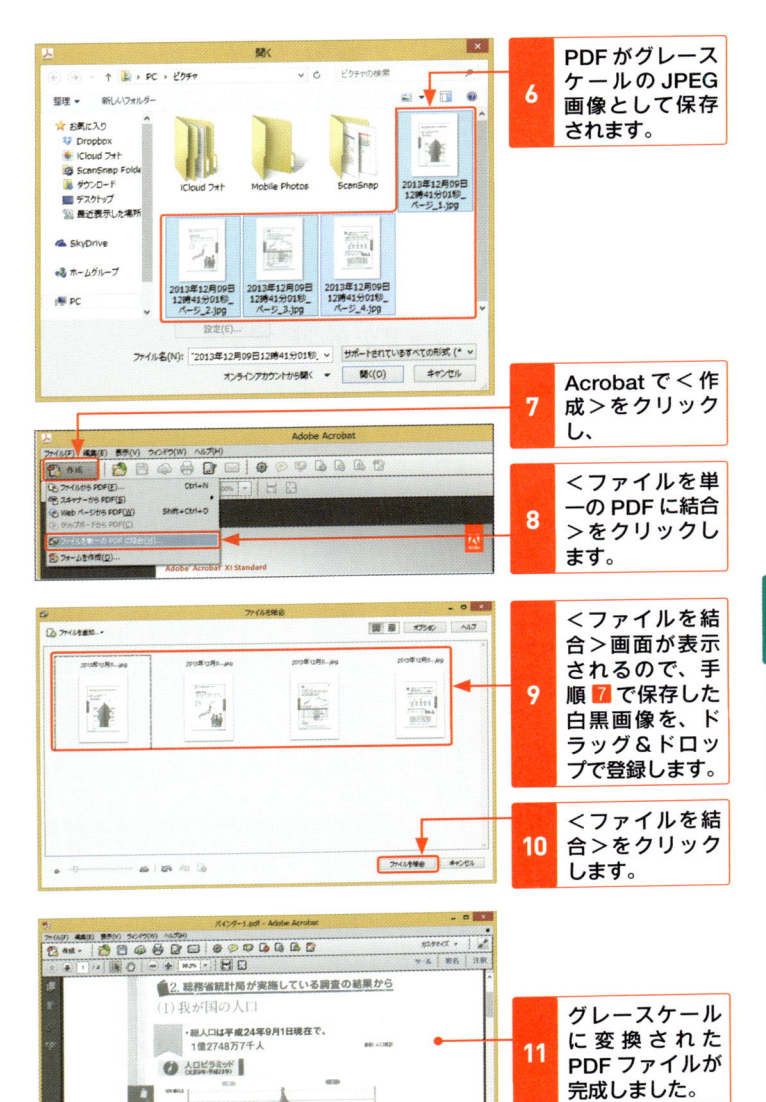

第4章 Acrobatの活用

Section 49 PDFファイルをコピー禁止／印刷禁止にしよう

最近ではセキュリティに対する意識が高まっています。情報漏洩を防ぐためには、書類をコピー／印刷禁止にする必要が生じる場合もあります。Acrobatならば、このような処理もかんたんに行うことができます。

1 PDFファイルにセキュリティを設定する

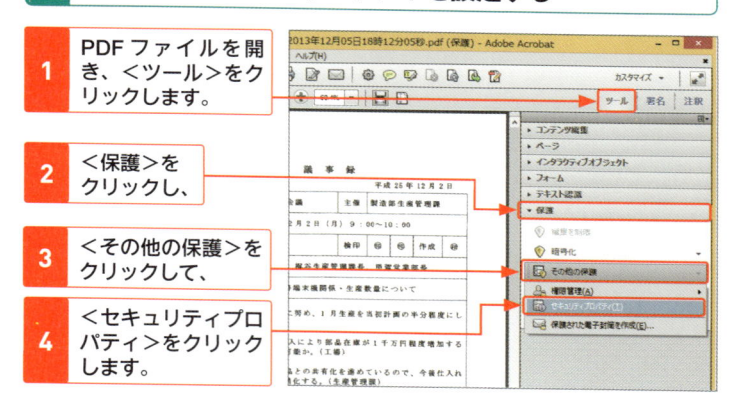

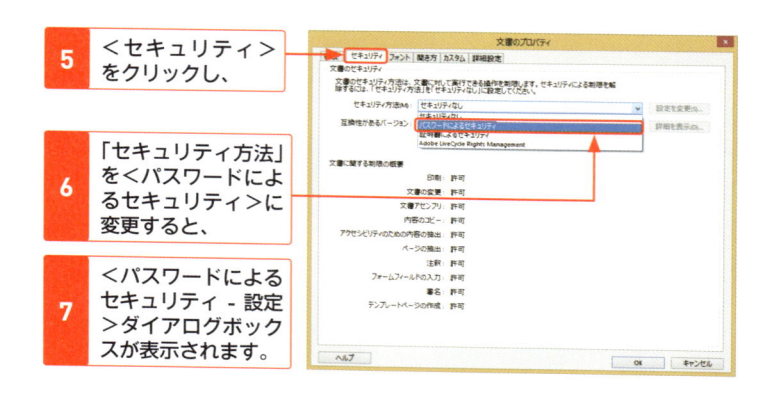

1. PDFファイルを開き、<ツール>をクリックします。

2. <保護>をクリックし、

3. <その他の保護>をクリックして、

4. <セキュリティプロパティ>をクリックします。

5. <セキュリティ>をクリックし、

6. 「セキュリティ方法」を<パスワードによるセキュリティ>に変更すると、

7. <パスワードによるセキュリティ - 設定>ダイアログボックスが表示されます。

8 <文書の印刷および編集を制限。……>のチェックをオンにし、

9 設定が<許可しない>、チェックがオフになっていることを確認します。

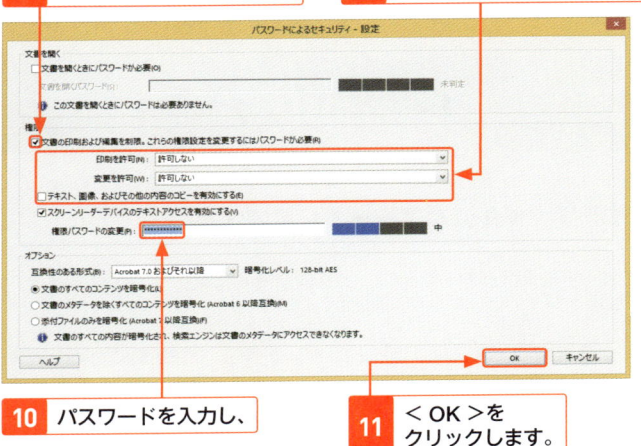

10 パスワードを入力し、

11 < OK >をクリックします。

12 確認メッセージが表示されたら< OK >をクリックします。

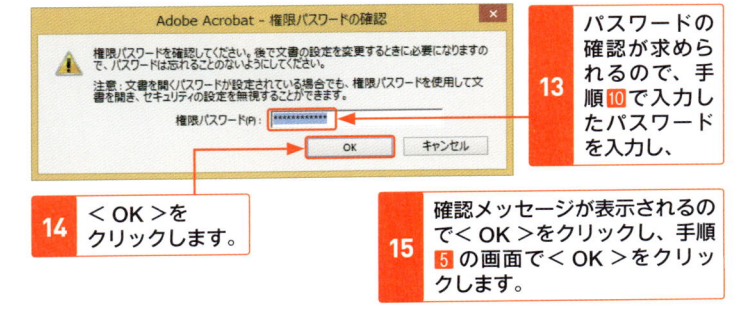

13 パスワードの確認が求められるので、手順 10 で入力したパスワードを入力し、

14 < OK >をクリックします。

15 確認メッセージが表示されるので< OK >をクリックし、手順 5 の画面で< OK >をクリックします。

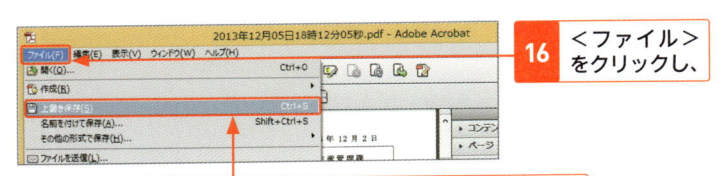

16 <ファイル>をクリックし、

17 <上書き保存>をクリックすると、セキュリティ設定がPDFファイルに反映されます。

第4章 | Acrobatの活用

Section 50 PDFファイルにパスワードを設定しよう

最近ではパソコンからの情報漏洩が問題視されるようになってきました。Acrobatでは、PDFファイルにパスワードをかける機能が用意されており、部外秘のPDFファイルを作るのに役立ちます。

1 PDFファイルにパスワードを設定する

1. P.124 手順 1 〜 6 を参考に、<パスワードによるセキュリティ - 設定>ダイアログボックスを表示します。

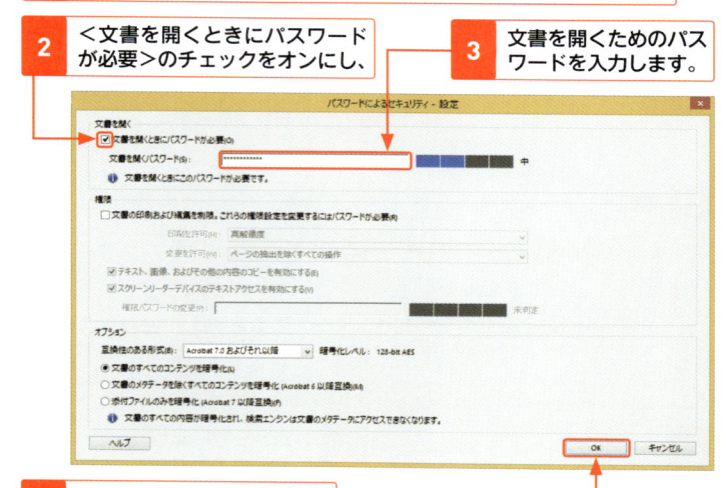

2. <文書を開くときにパスワードが必要>のチェックをオンにし、

3. 文書を開くためのパスワードを入力します。

4. < OK >をクリックします。

5. パスワードの確認を求めるウィンドウが表示されます。

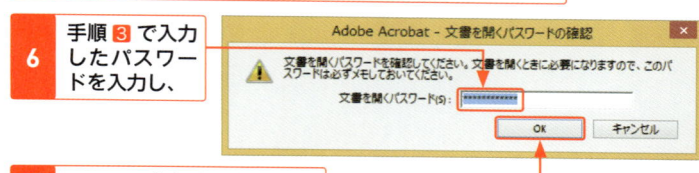

6. 手順 3 で入力したパスワードを入力し、

7. < OK >をクリックします。

126

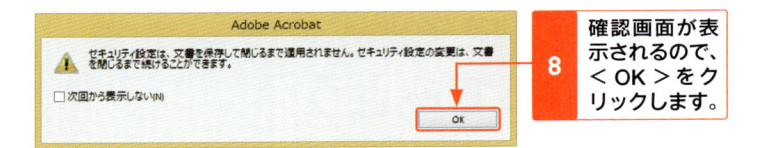

Adobe Acrobat

セキュリティ設定は、文書を保存して閉じるまで適用されません。セキュリティ設定の変更は、文書を閉じるまで続けることができます。

□ 次回から表示しない(N)

| 8 | 確認画面が表示されるので、< OK >をクリックします。 |

| 9 | <文書のプロパティ>ダイアログに戻るので、< OK >をクリックします。 |

文書のプロパティ

概要 | セキュリティ | フォント | 開き方 | カスタム | 詳細設定

文書のセキュリティ

文書のセキュリティ方法は、文書に対して実行できる操作を制限します。セキュリティによる制限を解除するには、「セキュリティ方法」を「セキュリティなし」に設定してください。

セキュリティ方法(M): パスワードによるセキュリティ　　設定を変更(S)...

互換性があるバージョン: Acrobat 7.0 およびそれ以降　　詳細を表示(D)...

セキュリティ設定が変更されたので、この文書の変更を自動的に保存する機能は無効になっています。変更の自動保存機能を再び有効にするには、文書を保存する必要があります。

文書に関する制限の概要

- 印刷: 許可
- 文書の変更: 許可
- 文書アセンブリ: 許可
- 内容のコピー: 許可
- アクセシビリティのための内容の抽出: 許可
- ページの抽出: 許可
- 注釈: 許可
- フォームフィールドの入力: 許可
- 署名: 許可
- テンプレートページの作成: 許可

ヘルプ　　OK　キャンセル

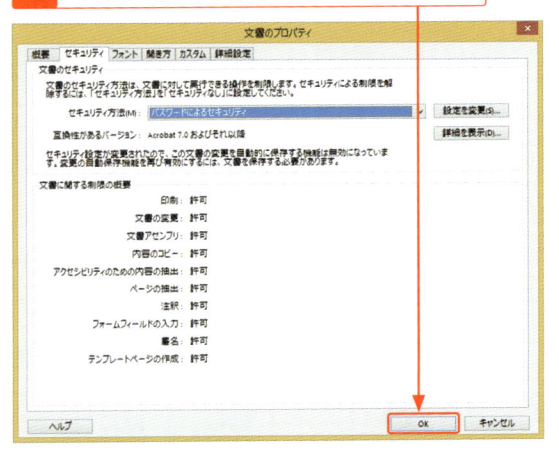

| 10 | <ファイル>をクリックし、 | 11 | <上書き保存>をクリックすると、パスワード設定が反映されます。 |

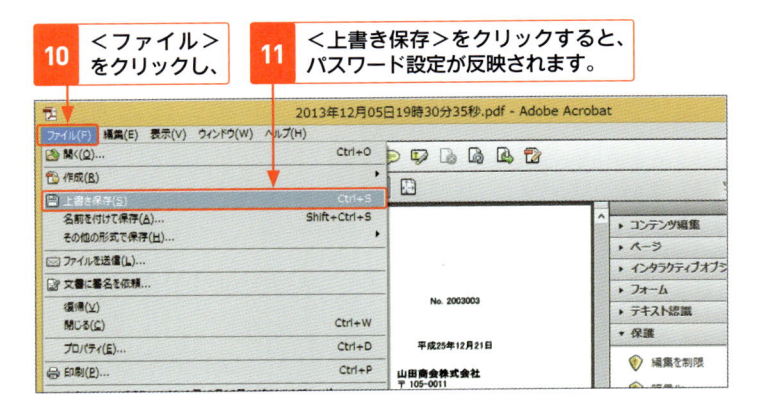

2013年12月05日19時30分35秒.pdf - Adobe Acrobat

ファイル(F) 編集(E) 表示(V) ウィンドウ(W) ヘルプ(H)

- 開く(O)... Ctrl+O
- 作成(R)
- **上書き保存(S)** Ctrl+S
- 名前を付けて保存(A)... Shift+Ctrl+S
- その他の形式で保存(H)...
- ファイルを送信(L)...
- 文書に署名を依頼...
- 復帰(V)
- 閉じる(C) Ctrl+W
- プロパティ(E)... Ctrl+D
- 印刷(P)... Ctrl+P

- コンテンツ編集
- ページ
- インタラクティブオブジ
- フォーム
- テキスト認識
- 保護
  - 編集を制限

No. 2003003

平成25年12月21日

山田商会株式会社
〒105-0011

| 12 | 以降は、ファイルを開こうとした場合、パスワードの入力画面が表示されます。手順 3 で設定したパスワードを入力して、< OK >をクリックするとファイルを開くことができます。 |

第4章 Acrobatの活用

第4章 Acrobatの活用

Section 51 高速なPDFビューアを使ってみよう

Acrobatは高機能ですが、その分、日常的にPDFファイルを見るのには動作が遅く感じる場合もあります。フリーソフトのPDFビューア「Foxit J-Reader」は、起動が高速なので、閲覧用として利用するのもよいでしょう。

1 ダウンロードと関連付け

1. Webブラウザで Foxit J-Reader のサイト（http://www.foxit.co.jp/products/Secure_PDF_Reader/）を開いたら、

2. 表示される画面の＜今すぐダウンロード＞をクリックして、手順にしたがってダウンロード／インストールします。

3. 「Foxit J-Reader」は起動が速く快適にPDFファイルを見ることができます。

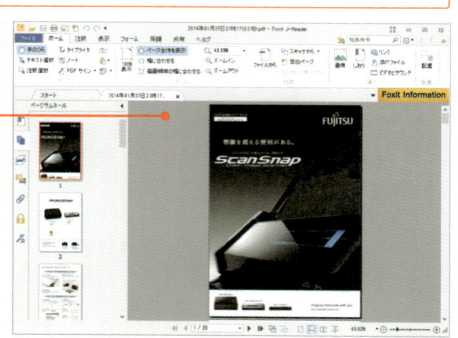

4. ＜ファイル＞→＜環境設定＞で各種設定が可能です。

5. ＜ファイルの関連付け＞をクリックし、

6. ＜デフォルトのPDF閲覧ソフトに設定＞をクリックして、

7. ＜OK＞をクリックすると、

8. 「Foxit J-Reader」を Windows 標準のPDFビューアにできます。

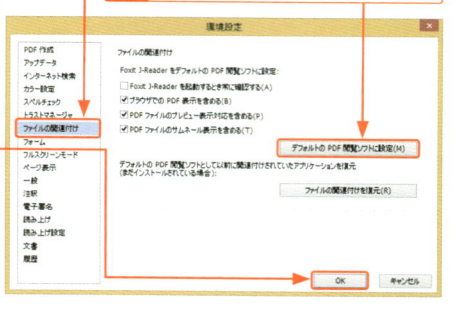

第5章

Dropboxとの連携

Sec.52 Dropboxとは?
Sec.53 Dropboxのアカウントを作成しよう
Sec.54 Dropboxにデータを保存しよう
Sec.55 Dropboxのデータを閲覧しよう
Sec.56 DropboxのデータをiPhone／iPadで閲覧しよう
Sec.57 DropboxのデータをGoodReaderで閲覧しよう
Sec.58 DropboxのデータをAndroidで閲覧しよう
Sec.59 Dropboxをフォルダで管理しよう
Sec.60 スキャンしたデータを自動でDropboxに保存しよう

第5章 Dropboxとの連携

Section 52

Dropboxとは？

スキャンしたデータを、自宅や会社、外出先といったさまざまな環境から閲覧したいときは「Dropbox」を使うと便利です。インターネットのサーバーにファイルを保存し、さまざまな環境から活用できます。

1 Dropboxの仕組みを理解する

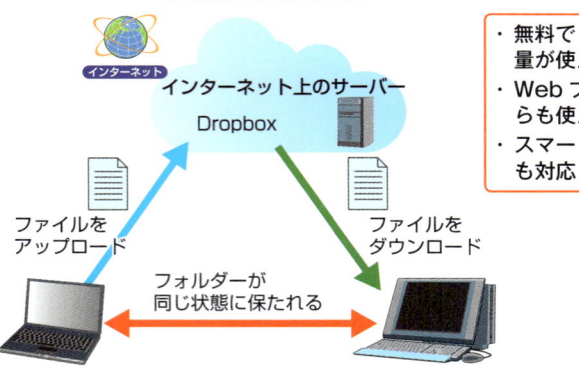

Dropboxは、複数の機器間でファイルを共有することができるクラウドサービスです。インターネット上のサーバーにある共有フォルダー内にファイルを保存しておき、各機器からサーバーにアクセスして、共有されたファイルを閲覧したり編集したりすることができます。

Dropboxの仕組み

- 無料で2GBの容量が使える
- Webブラウザからも使える
- スマートフォンにも対応

ファイルをアップロード / ファイルをダウンロード
フォルダーが同じ状態に保たれる

Memo

ネットにつながっていない状態でも利用可能

Dropboxをインストールすると、パソコンのユーザーフォルダー内に「Dropbox」フォルダが作成されます。このフォルダにファイルを保存すると、自動的にファイルがサーバーにアップロードされます。またフォルダ内に別の機器からアップロードされたファイルがあった場合は、自動でDropboxフォルダにファイルがダウンロードされます。これを「フォルダ（ファイル）の同期」といいます。パソコン上のDropboxフォルダ内のファイルは、ネットにつながっていない状態でも閲覧・編集が可能です。

2 Dropboxをダウンロード/インストールする

すでにDropboxをインストールしている場合は、以下の操作は不要です。

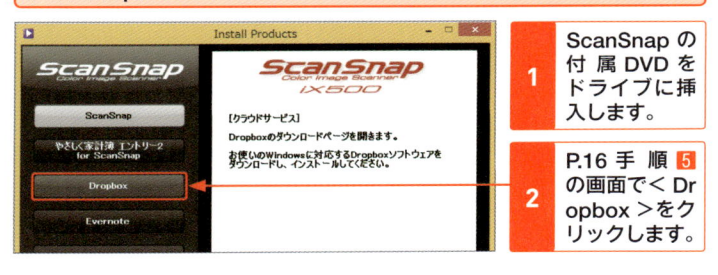

1 ScanSnapの付属DVDをドライブに挿入します。

2 P.16手順5の画面で<Dropbox>をクリックします。

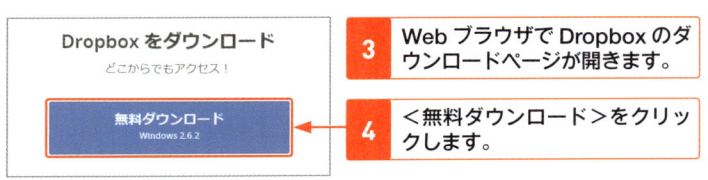

3 WebブラウザでDropboxのダウンロードページが開きます。

4 <無料ダウンロード>をクリックします。

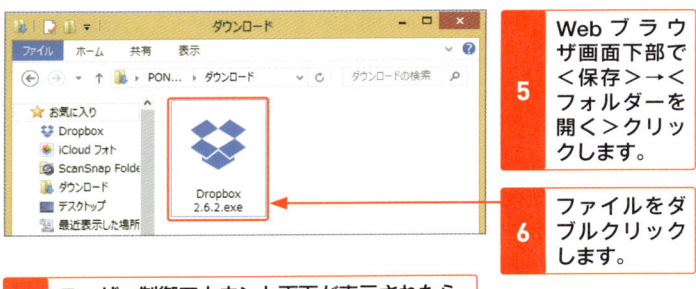

5 Webブラウザ画面下部で<保存>→<フォルダーを開く>クリックします。

6 ファイルをダブルクリックします。

7 ユーザー制御アカウント画面が表示されたら、<はい>をクリックします。

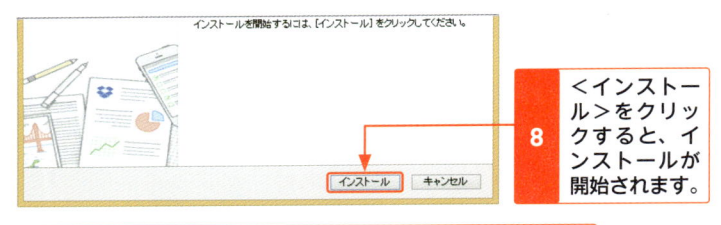

8 <インストール>をクリックすると、インストールが開始されます。

9 次ページを参考に、続けてアカウントの作成を行います。

第5章 Dropboxとの連携

第5章 | Dropboxとの連携

Section 53 Dropboxの アカウントを作成しよう

Dropboxを利用するためにはアカウントを作成する必要があります。無料アカウントではフォルダ容量が2GB、それ以上の容量を利用したい場合は、有料アカウントを使用することになります。

1 Dropboxのアカウントを作成する

1 インストールを進めていくと設定画面が表示されます。

すでにアカウントを持っている場合は、メールアドレスとパスワードを入力して<ログイン>をクリックします。以降の操作は不要です。

新たにアカウントを作成するときは<登録>をクリックします。

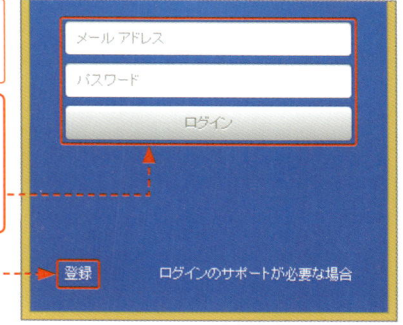

2 氏名、メールアドレス、パスワードを入力します。

3 <利用規約に同意します>のチェックをオンにし、

4 <登録>をクリックします。

5 < Dropbox フォルダを開く>をクリックすると、

6 ユーザーフォルダー内のDropboxフォルダが開きます。

ここにファイルを登録すると自動的にサーバーにアップロードされ、サーバー内のファイルも自動的にこのフォルダにダウンロードされます。

2 Dropboxの容量を追加する

1 容量を増やしたいときは通知領域のDropboxアイコンをクリックし、

2 表示される右上の✿をクリックして、

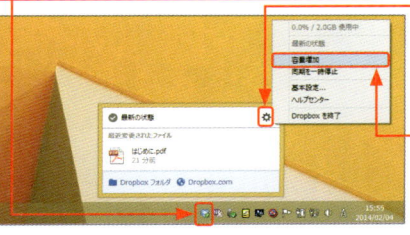

3 メニューから<容量増加>をクリックします。

4 Webブラウザで容量増加のプラン選択ページが表示されます。

5 容量を選び、

6 クレジットカード番号などを入力すると、有料プランの申し込みができます。

■Dropboxのプラン

プラン名	容量	価格
無料プラン	2GB（別のユーザーへの紹介1件につき500MBプラスなどのボーナス有）	無料
プロプラン	100GB	9.99ドル/月もしくは99ドル/年
	200GB	19.99ドル/月もしくは199ドル/年
	500GB	49.99ドル/月もしくは499ドル/年
ビジネス向けDropbox	必要に応じて容量を増加	15ドル×ユーザー数/月（最少ユーザー数5人）

第5章 Dropboxとの連携

第5章 | Dropboxとの連携

Section 54 Dropboxにデータを保存しよう

ScanSnapからスキャンしたデータをDropboxに保存しておけば、家でも会社でも外出先でも自由にデータを参照することができます。ScanSnapでスキャンしたファイルを直接Dropboxフォルダに保存することも可能です。

1 ScanSnapからDropboxにデータを保存する

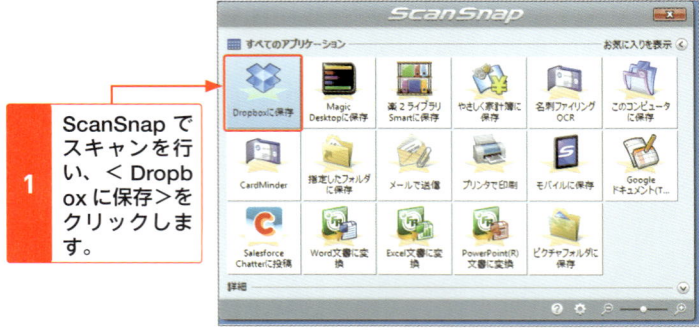

1. ScanSnapでスキャンを行い、＜Dropboxに保存＞をクリックします。

2. 「保存先フォルダの指定」で保存フォルダを指定し、

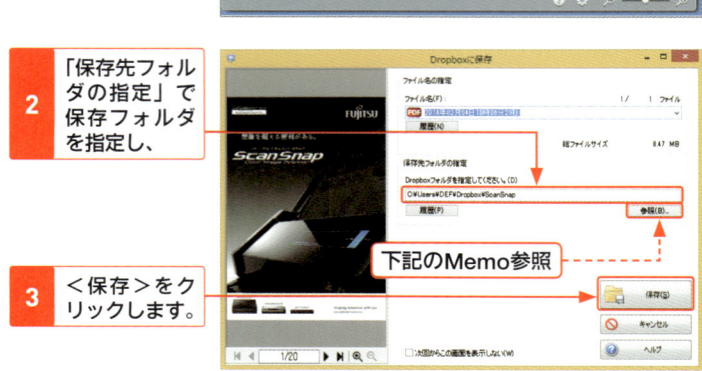

下記のMemo参照

3. ＜保存＞をクリックします。

📝 Memo

保存先フォルダの変更

フォルダを変更したい場合は＜参照＞をクリックし、表示されるフォルダの選択画面で保存先を設定します。

2 Dropboxフォルダ内のファイルを参照する

1 通知領域のDropboxアイコンをクリックし、

2 ＜Dropboxフォルダ＞をクリックします。

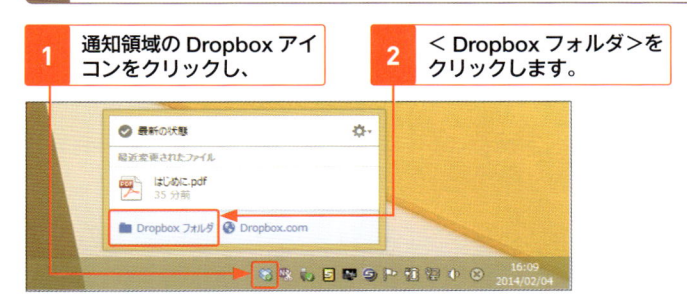

3 Dropboxフォルダが開きます。

4 スキャンしたファイルが保存されていることを確認できます。

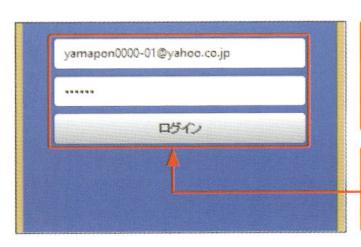

5 会社などの別のパソコンでも利用する場合は、そのパソコンにもDropboxをインストールします。

6 ＜Dropboxの設定＞画面で、自宅などと同じアカウントでログインします。

Memo

ファイルの保存

ファイルは、Dropboxフォルダにドラッグ＆ドロップすることでも保存することができます。すでにスキャンしたファイルをDropboxに保存したい場合は、この方法で保存しましょう。また、Dropboxフォルダ内にフォルダを作成して管理することもできます。

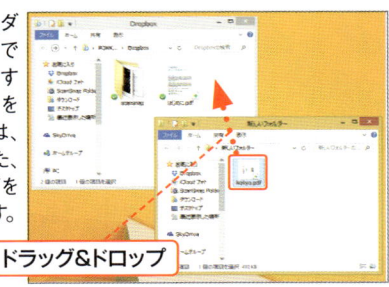

ドラッグ＆ドロップ

第5章 Dropboxとの連携

第5章 Dropboxとの連携

Section 55 Dropboxのデータを閲覧しよう

Dropboxの利点は、保存しておいたファイルをいつでも閲覧できることにあります。外出先で「あのファイルを確認したい」といった場合でも、Webブラウザさえあればファイルを見ることができるので便利です。

1 WebブラウザからDropboxを操作する

1 Webブラウザで http://www.dropbox.com/ にアクセスします。

2 Dropboxに登録したメールアドレスとパスワードを入力します。

3 <ログイン>をクリックします。

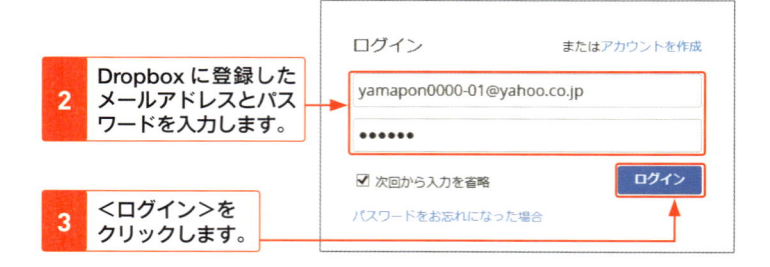

4 サーバー上のDropboxフォルダがWebブラウザの画面に表示されます。

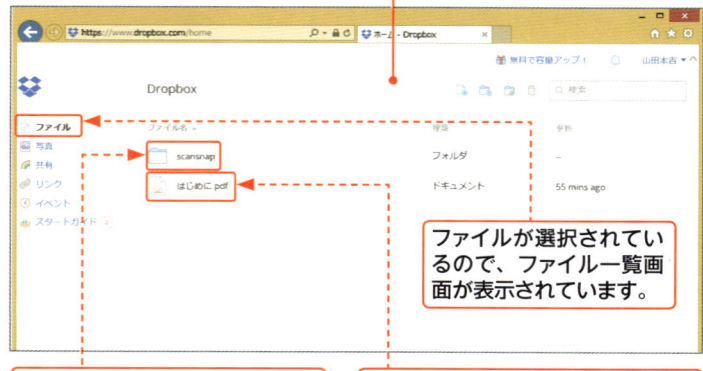

ファイルが選択されているので、ファイル一覧画面が表示されています。

フォルダをクリックするとフォルダの中身を見ることができます。

ファイルをクリックするとWebブラウザでファイルを閲覧できます。

2 Webブラウザからファイルをダウンロード／アップロードする

1 WebブラウザのDropbox画面でPDFファイルをクリックすると、

2 PDFビューワが開いて内容を読むことができます。

ここをクリックすると、パソコンにファイルをダウンロードできます。

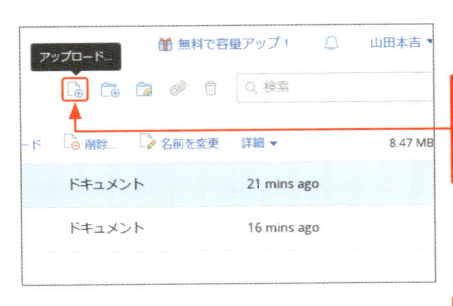

3 ファイルのアップロードは、ファイル一覧画面で＜アップロード＞をクリックし、

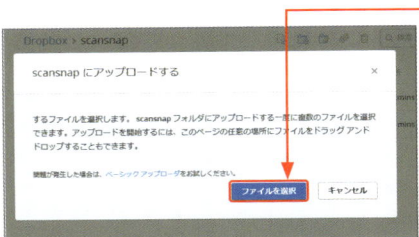

4 ＜ファイルを選択＞をクリックして、アップロードするファイルを選択して行います。

5 アップロードされたファイルは別のパソコンなどから閲覧可能です。

第5章 Dropboxとの連携

Section 56 Dropboxのデータを iPhone／iPadで閲覧しよう

Dropboxに入れたファイルは、さまざまな環境から閲覧できます。もちろんスマートフォンにも対応しており、iPhone／iPadからも利用できます。利用するときはApp StoreにあるDropboxアプリを利用します。

1 iPhone／iPadでDropboxを利用する

1 App Storeで「Dropbox」を検索して、インストールします。

2 Dropboxを起動したら、<ログイン>をタップします。

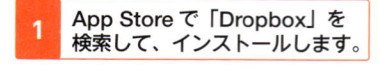

ようこそ
スワイプしてDropboxの詳細を表示
既存ユーザーですか？ ログイン

3 メールアドレスを入力し、

4 パスワードを入力したら、

5 < Go >をタップします。

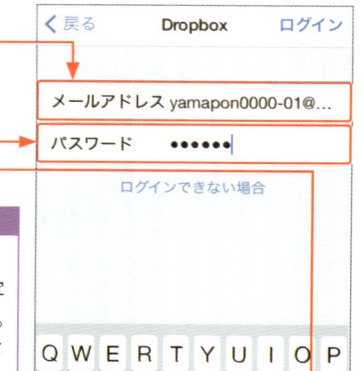

Memo 初めてログインしたときは

Dropboxに初めてログインすると、写真へのアクセス許可を求めてきます。とくに問題ないかぎりは< OK >をタップして手順を進めます。

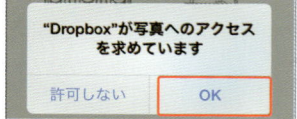

"Dropbox"が写真へのアクセスを求めています
許可しない　OK

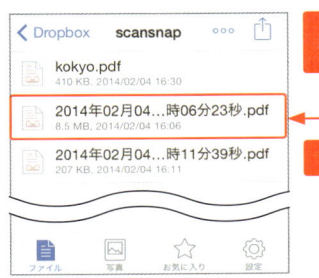

6	サーバー上の Dropbox フォルダ内のファイルが一覧表示されます。
7	ファイルをタップすると、
8	ファイルの内容が表示されます。
9	ここをタップすると、
10	ページの一覧表示画面が開きます。
11	見たいページをタップするとそのページが開きます。

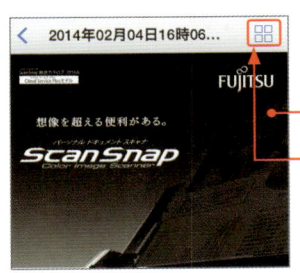

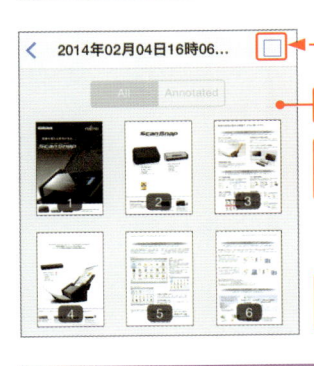

ここをタップすると、手順8の画面に戻ります。

第5章 Dropboxとの連携

Memo

お気に入り機能とは

スマートフォン/タブレット版の Dropbox で、ファイルを開いているときに画面下の ☆ をタップすると、そのファイルがお気に入りに登録されます。お気に入りに登録したファイルは、スマートフォン/タブレットに保存され、インターネットに接続していないときでも参照できます。

139

第5章 Dropboxとの連携

Section 57 DropboxのデータをGoodReaderで閲覧しよう

iPhone／iPad用のPDFリーダーといえば「GoodReader for iPhone」（以下、GoodReader）が定番です。GoodReaderはDropboxに接続することもできます。PDFを快適に閲覧したい人は利用してみるとよいでしょう。

1 GoodReaderでDropboxを閲覧する

1. App Storeで「GoodReader」を検索してインストールします。

2. 起動したら、＜Connect＞をタップします。

3. 続けて画面下の＜Servers＞をタップし、

4. ＜Add＞をタップしたら、

5. ＜Dropbox＞をタップします。

6. Dropboxの設定名を入力し、

7. ＜Add＞をタップします。

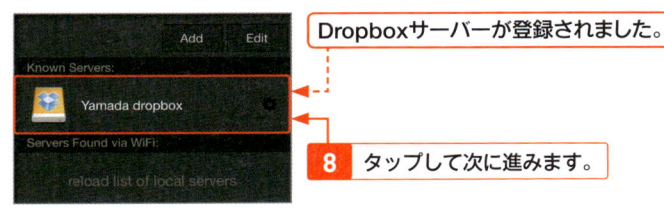

	Dropboxサーバーが登録されました。
8	タップして次に進みます。
9	Dropbox に登録したメールアドレスを入力し、
10	パスワードを入力したら、
11	<ログイン>をタップします。
12	ログインすると Dropbox サーバーの中身を閲覧できます。
13	ファイル一覧でファイル名をタップし、
14	< Download >をタップします。
15	次の画面で下部の< Download file here >をタップします。
16	< Close >をタップして手順 8 の画面に戻り、画面下部の< Downloads >をタップすると、
17	フォルダにファイルがダウンロードされていることを確認できます。
18	ファイルを2回タップすると中身を閲覧できます。

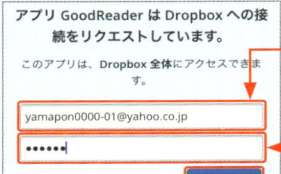

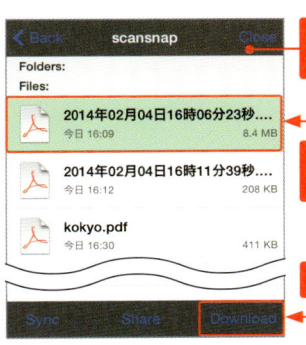

第5章 Dropboxとの連携

141

第5章 Dropboxとの連携

Section 58

Dropboxのデータを Androidで閲覧しよう

DropboxはもちろんAndoroidスマートフォン、タブレットからも利用できます。Android用のDropboxアプリは、Playストアからダウンロードすることが可能です。アプリは無料で入手できます。

1 AndroidでDropboxを利用する

1 Playストアで「Dropbox」を検索してインストールします。

2 Dropboxアイコンをタップして起動したら、<ログイン>をタップします。

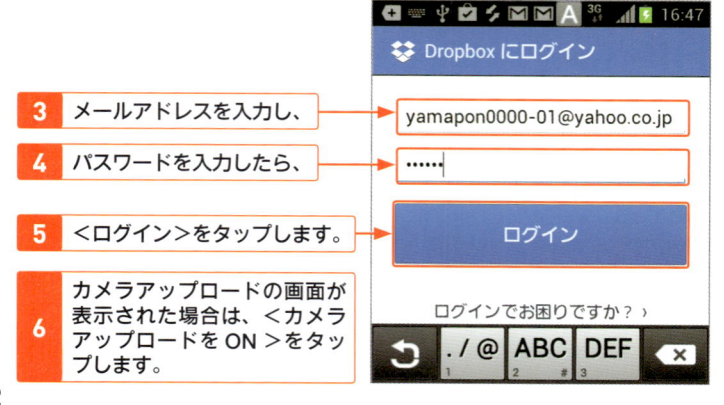

ようこそ
スワイプしてDropboxの詳細を表示
既存ユーザーですか？ ログイン

3 メールアドレスを入力し、→ yamapon0000-01@yahoo.co.jp

4 パスワードを入力したら、

5 <ログイン>をタップします。

6 カメラアップロードの画面が表示された場合は、<カメラアップロードをON>をタップします。

| 7 | ここをタップします。 |

Dropbox フォルダ内のファイル一覧を見ることができます。

| 8 | ファイルを開くときはファイル名をタップします。 |

| 9 | ファイルの内容が表示されます。 |

第5章 Dropboxとの連携

| 10 | ファイル名右側の ⊙ をタップすると、 |

| 11 | ファイル削除やお気に入りに入れるなどの操作が行えます。 |

第 5 章 | Dropboxとの連携

Section 59

Dropboxを
フォルダで管理しよう

Dropboxでは、サーバー上の特定のフォルダだけを指定して同期したり、フォルダをほかのDropboxユーザーと共有することも可能です。フォルダを賢く管理してより便利に使いこなしましょう。

1 Dropboxで同期するフォルダを指定する

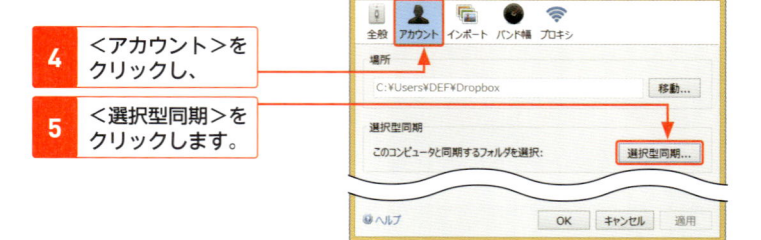

1	通知領域のアイコンをクリックし、
2	右上の✿・をクリックして、
3	<基本設定>をクリックします。

| 4 | <アカウント>をクリックし、 |
| 5 | <選択型同期>をクリックします。 |

| 6 | 同期したいサーバー上のフォルダのチェックをオンにし、 |
| 7 | <更新>をクリックし、 |

| 8 | 確認画面が表示されたら、< OK >をクリックし、続けて手順 5 の画面で< OK >をクリックします。 |

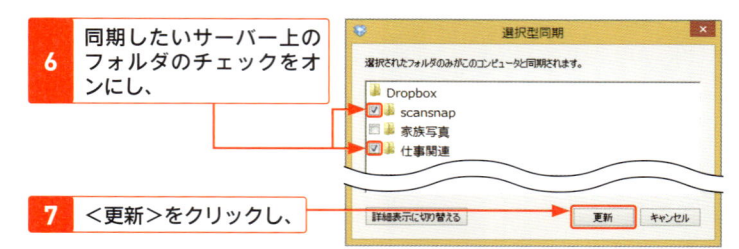

2 Dropboxユーザーとフォルダを共有する

1	Webブラウザで http://www.dropbox.com/ にアクセスしてログインします。
2	<フォルダを共有>をクリックします。
3	初回は自分のメールアドレスにフォルダ共有を許可するかどうかの確認メールが届きます。
4	<メールアドレスを確認する>をクリックして共有を許可します。
5	手順 2 と同様の手順で、Dropboxで<フォルダを共有>をクリックします。
6	新規フォルダを作成して共有するか、既存のフォルダを共有するか選択して、
7	<次>をクリックします。
8	共有したい相手のメールアドレスを入力します。
9	メッセージを入力します。
10	<フォルダを共有>をクリックすると、そのフォルダが共有されます。

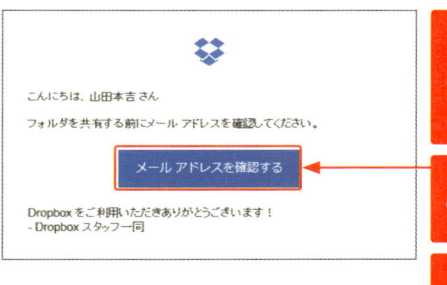

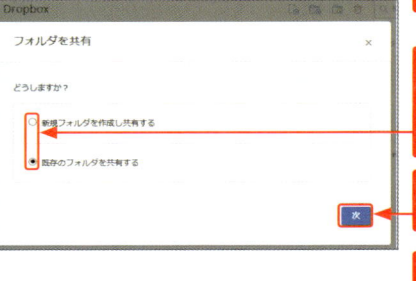

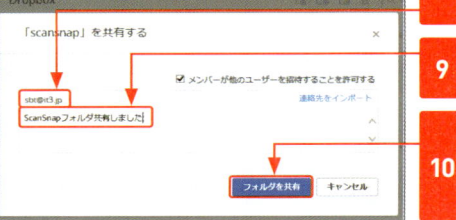

第5章 Dropboxとの連携

第5章 Dropboxとの連携

Section 60

スキャンしたデータを自動でDropboxに保存しよう

Dropboxに慣れてくると、ScanSnapでスキャンしたデータはすべてDropbox上に置いておくほうが便利に感じられることでしょう。ScanSnapフォルダーに自動でにファイルが保存されるように設定してみましょう。

1 ScanSnapのデータを自動でDropboxに保存する

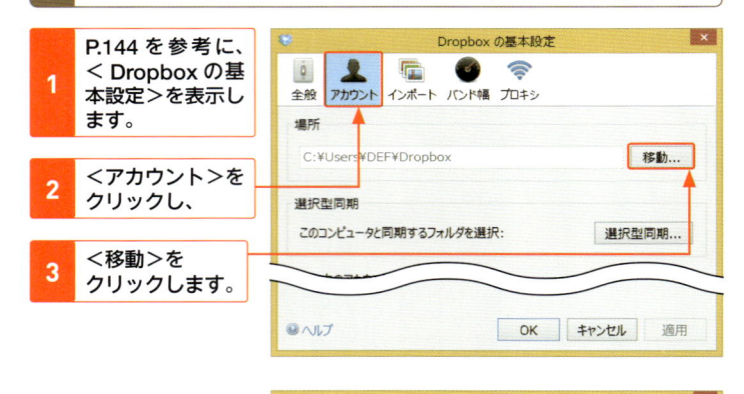

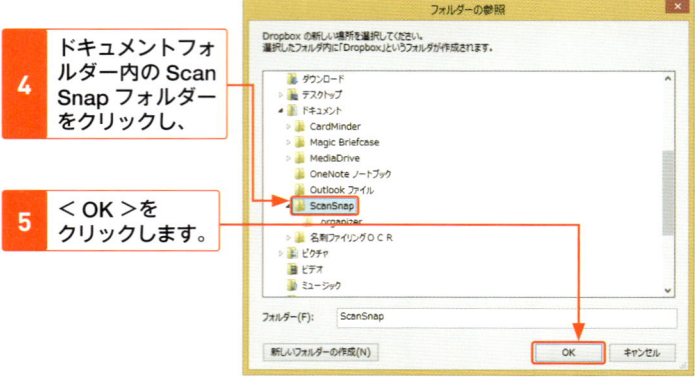

1	P.144を参考に、＜Dropboxの基本設定＞を表示します。
2	＜アカウント＞をクリックし、
3	＜移動＞をクリックします。
4	ドキュメントフォルダー内のScanSnapフォルダーをクリックし、
5	＜OK＞をクリックします。
6	確認画面が表示されたら、＜OK＞をクリックし、続けて手順 3 の画面で＜OK＞をクリックします。
7	以上でScanSnapフォルダーとDropboxが同期されます。

第6章

Evernoteとの連携

Sec.61 Evernoteとは?
Sec.62 Evernoteのアカウントを作成しよう
Sec.63 Evernoteにデータを保存しよう
Sec.64 Evernoteのデータを閲覧しよう
Sec.65 Evernoteのデータをタグで管理しよう
Sec.66 EvernoteのデータをiPhone／iPadで閲覧しよう
Sec.67 EvernoteのデータをAndroidで閲覧しよう
Sec.68 Evernoteで名刺を管理しよう
Sec.69 Evernoteで記事をスクラップしよう
Sec.70 DropboxとEvernoteを使い分けよう
Sec.71 スキャンしたデータを
　　　 自動でEvernoteに保存しよう

第6章 Evernoteとの連携

Section 61

Evernoteとは？

Evernoteとは、さまざまな端末から、インターネットのサーバー上に「メモ」を保存したり閲覧したりできるサービスです。ScanScanpでスキャンしたPDFファイルや画像をアップロードしておけば、より便利に活用できます。

1 Evernoteの仕組みを理解する

Evernoteは、インターネット上のサーバーにメモを保存して、複数の機器間で共有できるようにするサービスです。仕事に必要な覚え書きや書類、Webページの内容などを保存しておけば、自宅や会社、外出先などからサーバーにアクセスして、メモの内容を閲覧したり編集したりすることができます。

インターネット

Evernote サーバー

さまざまな形式のメモを保存

メモ	メモ	メモ	メモ
テキスト	Webページ	画像	PDF

デスクトップパソコン　ノートパソコン　タブレット　スマートフォン

複数の機器からメモを登録／閲覧できる

148

2 Evernoteの最新版を入手する

Evernoteは、ScanSnapの付属DVDからインストールすることもできますが、アップデートが多いアプリなので、Webから最新版をダウンロードするのがお勧めです。付属DVDで「最新版をダウンロード」を選択するか、Webブラウザのアドレス欄に「http://www.evernote.com/」と入力してEvernoteのサイトにアクセスしてください。

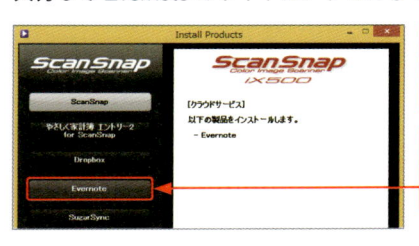

1	ScanSnapの付属DVDを使う場合は、DVDをドライブにセットし、
2	P.16手順 5 の画面で<Evernote>をクリックします。
3	<最新版をダウンロード>をクリックします。
4	EvernoteのWebサイトがWebブラウザで開きます。
5	画面をスクロールして、<EVERNOTEをダウンロード>をクリックします。
6	Webブラウザ画面下部で<保存>→<フォルダーを開く>をクリックします。
7	ファイルをダブルクリックして、画面の指示にしたがってインストールを進めていきます。

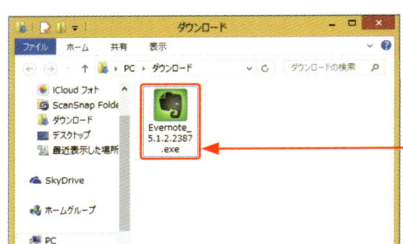

S1300i、S1100ではEvernoteを一度インストールしてから、<ヘルプ>→<アップデートの確認>で最新版にアップデートしてください。

第6章 Evernoteとの連携

Section 62 Evernoteのアカウントを作成しよう

Evernoteを利用するには、自分用のアカウントが必要となります。インストールを行ったら新規アカウントの作成に進みましょう。より快適に使いたい場合はプレミアムにアップグレードするのがお勧めです。

1 Evernoteのアカウントを作成する

ここでは、前ページでインストールを実行し、セットアップ完了の画面で＜完了＞をクリックしたところから解説しています。

1 Evernoteが起動します。

2 メールアドレス、自分が使用したいユーザ名、パスワードを入力して、

3 ＜登録＞をクリックします。

すでにアカウントを持っている場合はこちらをクリックして、アカウント情報を入力します。

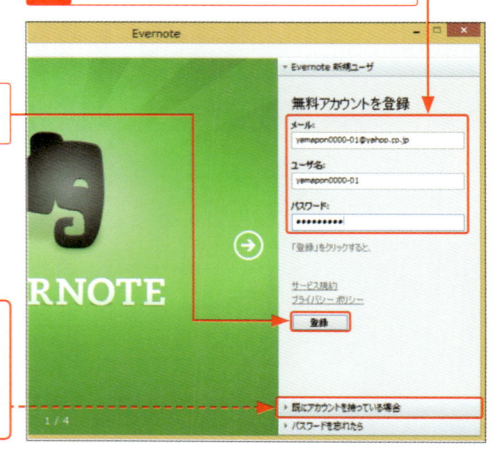

📝 Memo

プレミアムアカウント

Evernoteは無料でも利用できますが、より本格的に使いこなしたい場合は「プレミアム」、ビジネスの現場で使うなら「ビジネスプレミアム」アカウントにアップグレードするとより快適です。アップグレードすると、1つのメモ(ノートブック)の容量を大きくしたり、PDF、Officeファイルの検索も行えます。プレミアムの場合、利用料金は450円／月または4000円／年で利用できます。

2 プレミアムアカウントにアップグレードする

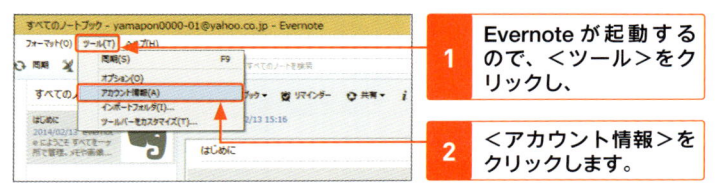

1 Evernote が起動するので、<ツール>をクリックし、

2 <アカウント情報>をクリックします。

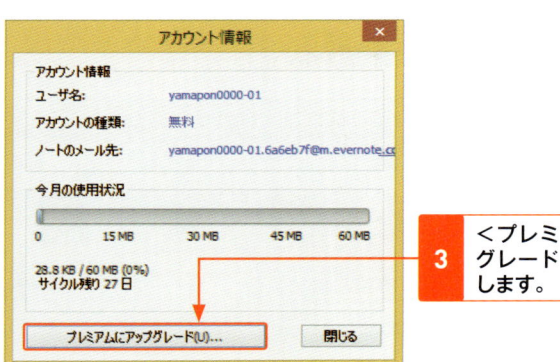

3 <プレミアムにアップグレード>をクリックします。

4 料金プランを選択し、

5 必要な情報を入力します。

6 画面をスクロールし、<購入を完了>をクリックすると申し込みが行われます。

第6章 Evernoteとの連携

第6章 Evernoteとの連携

Section 63

Evernoteにデータを保存しよう

ScanSnapでスキャンしたデータをEvernoteに保存してみましょう。メモ(ノートブック)は、PDFをそのまま登録できるほか、画像ファイルとして保存することも可能です。

1 EvernoteにPDFで保存する

1. ScanSnapで書類などのスキャンを実行したら、

2. クイックメニューの<ドキュメントをEvernoteに保存>をクリックします。

3. スキャンしたデータがEvernoteに登録されます。

4. ダブルクリックするとファイルが開きます。

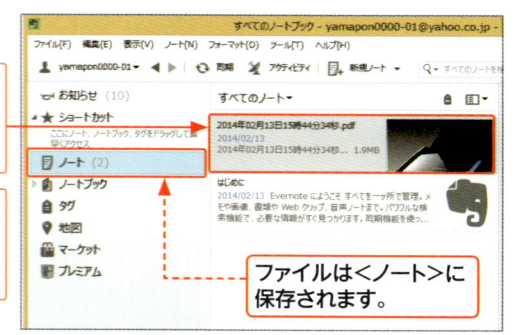

ファイルは<ノート>に保存されます。

Memo

保存されるファイル形式

手順 2 で<ドキュメントを Evernote に保存>を実行すると、PDF の設定でスキャンした場合、データは PDF 形式で保存されます。

2 Evernoteに画像として保存する

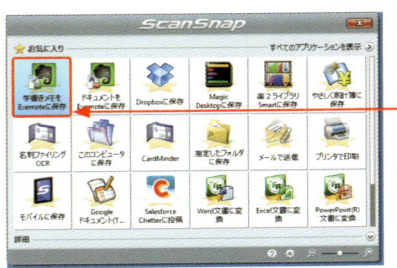

1. ScanSnapで書類などのスキャンを実行したら、

2. クイックメニューの<手書きメモをEvernoteに保存>をクリックします。

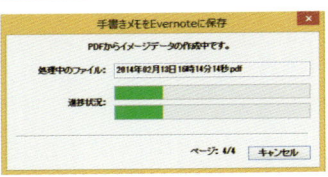

3. PDFでスキャンした場合は、画像形式に変換が行われます。

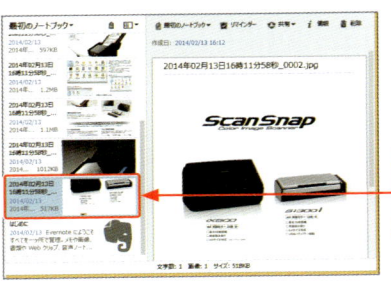

4. スキャンしたデータがJPEG画像として登録されます。

✎ Memo

ScanSnap Organizerからアップロードする

すでにスキャンが完了し、ScanSnap Organizerに登録したデータをEvernoteに登録することもできます。ファイルを右クリックして<アプリケーション>→<Evernoteに保存>を選択してください。またエクスプローラから、Evernoteのウィンドウにファイルをドラッグ＆ドロップしてアップロードすることも可能です。

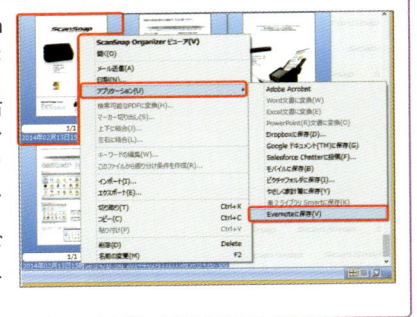

第6章 Evernoteとの連携

153

第6章 Evernoteとの連携

Section 64

Evernoteのデータを閲覧しよう

Evernoteに保存したデータは、Evernoteのソフトだけでなく、Webブラウザからでも見ることができます。ソフトをインストールしなくて済むので、外出先のパソコンから確認することも可能です。

1 Evernoteのデータを閲覧する

1 デスクトップ上にある< Evernote >のショートカットアイコンをダブルクリックし、ノートの一覧を開きます。

2 見たいデータをダブルクリックします。

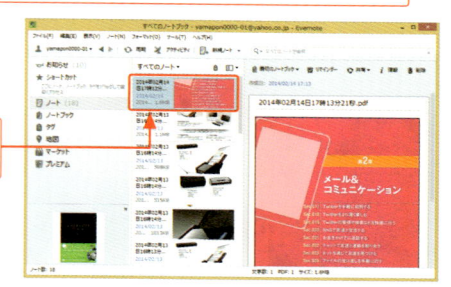

3 ウィンドウが開きデータを見ることができます。

PDFの場合、ページ上にカーソルを置くと操作パネルが表示されます。

📝 Memo

PDFの拡大／縮小は別のアプリケーションで

パソコン用のEvernoteクライアントはPDFを開く機能を備えています。しかし、このリーダーは、画面の拡大／縮小といった機能は備えていません。細部まで見たい場合は、次ページを参考に、右クリックメニューから、Adobe AcrobatやAcrobat Readerを開いてそちらの機能を利用するとよいでしょう。

4 ページ上で右クリックして、

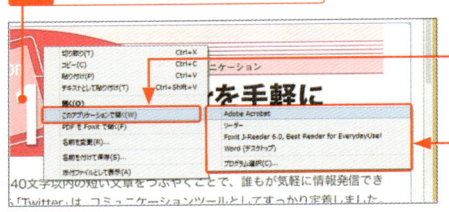

5 ＜このアプリケーションで開く＞をクリックします。

6 Adobe Acrobatなどでファイルを開くことが可能です。

2 Webブラウザからサインインする

1 Webブラウザでhttp://www.evernote.com/ を開き、

2 ＜サインイン＞をクリックします。

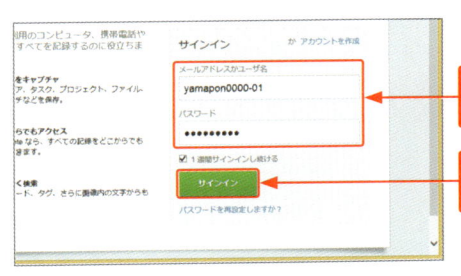

3 ユーザ名とパスワードを入力し、

4 ＜サインイン＞をクリックします。

5 WebブラウザからEvernoteのデータを閲覧できます。

下のMemo参照

📝 Memo
表示の変更
ファイルを大きく表示したいときは、該当するファイルを選択した状態で 🔲 をクリックします。別ウィンドウで表示されます。

第6章 Evernoteとの連携

Section 65

Evernoteのデータをタグで管理しよう

Evernoteを利用していて、大量のノートがたまってくると、どれが必要なノートなのか、すぐにはわかりづらくなってしまいます。タグを付けることで、データを分類して整理することができます。

1 タグによる管理とは？

タグ (Tag) とは、「荷札」や「付箋」という意味の英単語です。デジタルデータでは、「タグ情報」をファイルなどに記録することで、データをカテゴリごとに分類したりするのに使われます。タグは、フォルダーと違って、1つのデータに複数付与できるため、条件を付けて検索することでデータを絞り込みやすくなっています。

フォルダーとタグの違い

●フォルダー

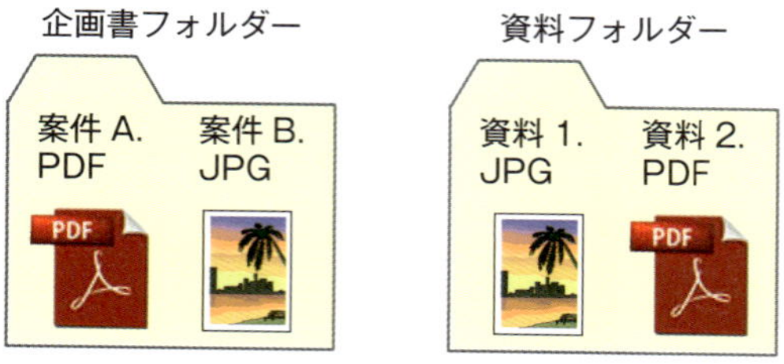

企画書フォルダー
- 案件A. PDF
- 案件B. JPG

資料フォルダー
- 資料1. JPG
- 資料2. PDF

- 1つのファイルは1つのフォルダーにしか入れられない
- 複数のフォルダーに関連ファイルが分散すると探しにくい

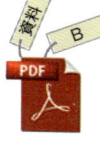

●タグ

- 案件A. PDF（A／企画書）
- 案件B. JPG（企画書／B／写真）
- 資料1. JPG（資料／A／写真）
- 資料2. PDF（資料／B）

- タグは1つのデータに複数つけられる
- 「案件A関連のデータだけまとめて表示する」といった絞り込みがしやすい

2 Evernoteのデータをタグで管理する

1 P.154を参考にEvernoteのノートの一覧を開き、

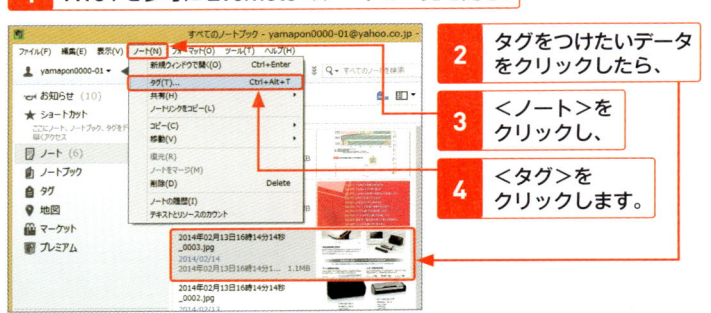

2 タグをつけたいデータをクリックしたら、

3 <ノート>をクリックし、

4 <タグ>をクリックします。

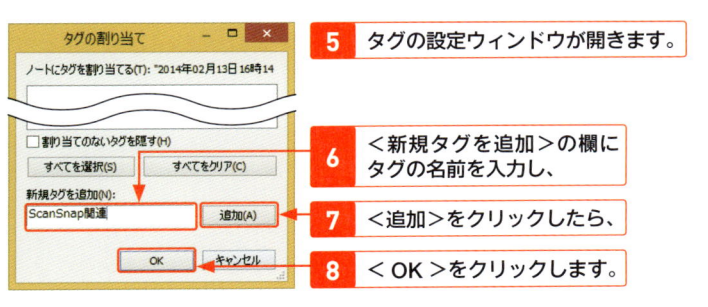

5 タグの設定ウィンドウが開きます。

6 <新規タグを追加>の欄にタグの名前を入力し、

7 <追加>をクリックしたら、

8 < OK >をクリックします。

9 <タグ>の▷をクリックすると、

10 設定したタグの一覧が表示されます。

11 一覧表示したいタグをクリックすると(ここでは< ScanSnap関連>)、

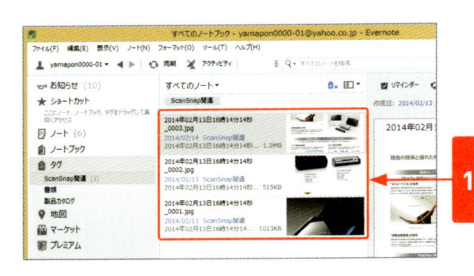

12 選択したタグの付いたノートだけが一覧表示されます。

第6章 Evernoteとの連携

157

第6章 Evernoteとの連携

Section 66

Evernoteのデータを iPhone／iPadで閲覧しよう

Evernoteにデータを登録しておけば、さまざまな環境から閲覧できます。もちろんスマートフォンにも対応しています。iPhone／iPadの場合は、App StoreからEvernoteアプリをインストールすれば使用できます。

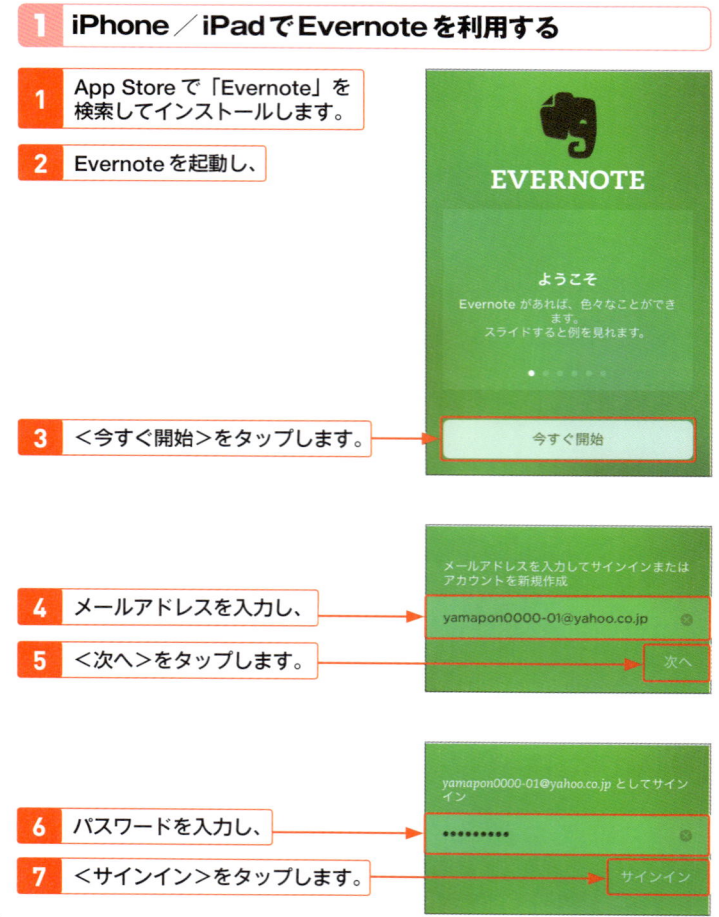

1 iPhone／iPadでEvernoteを利用する

1 App Storeで「Evernote」を検索してインストールします。

2 Evernoteを起動し、

3 ＜今すぐ開始＞をタップします。

4 メールアドレスを入力し、

5 ＜次へ＞をタップします。

6 パスワードを入力し、

7 ＜サインイン＞をタップします。

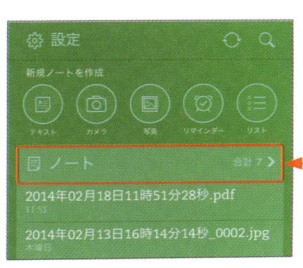

| 8 | Evernoteのメイン画面が表示されます。 |

| 9 | ノートを見たいときは、＜ノート＞をタップします。 |

| 10 | 登録済みのノートの一覧が表示されるので、 |

| 11 | 見たいファイルをタップします。 |

| 12 | PDFの場合は＜タップしてダウ...＞をタップします。 |

| 13 | ファイルがiPhone／iPadにダウンロードされ、iPhone／iPadの画面でデータを閲覧することができます。 |

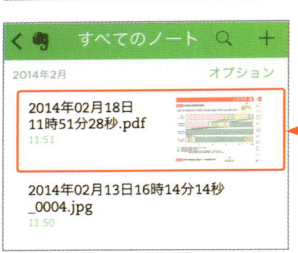

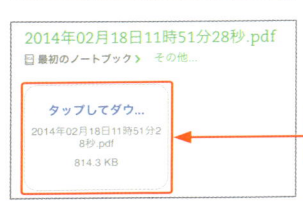

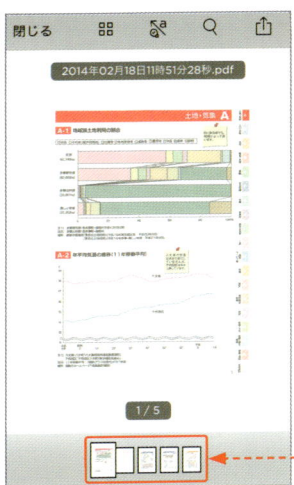

画面下のページ一覧の各ページをタップすると別のページを表示できます。

第6章 Evernoteとの連携

第6章 Evernoteとの連携

Section 67 Evernoteのデータを Androidで閲覧しよう

Evernoteのデータは、Androidからも閲覧することができます。Android用のEvernoteアプリは、Playストアから無料で入手することが可能です。外出先などからデータを閲覧できて便利です。

1 AndroidでEvernoteを利用する

1 Playストアで「Evernote」を検索してインストールします。

2 Evernoteを起動し、

3 <サインイン>をタップします。

4 Evernoteのメールアドレスとパスワードを入力し、

5 <サインイン>をタップします。

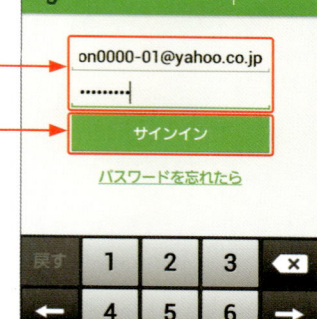

6	Evernoteのメイン画面が表示されます。

7	ノートを見る場合は<ノート>をタップします。

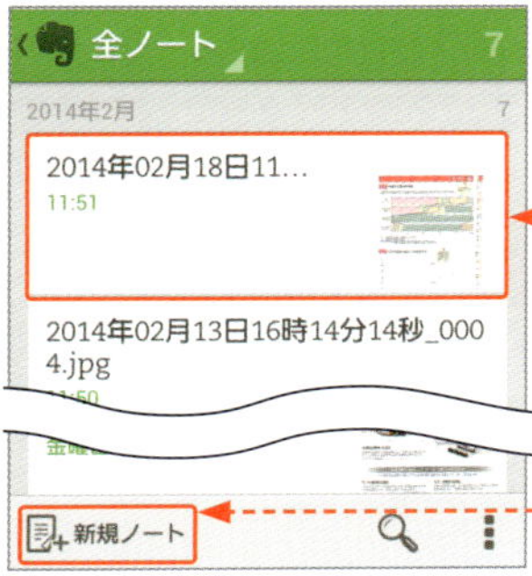

8	ノートの一覧が表示されます。

9	見たいノートをタップします。

Memo参照

10	Android端末の画面でノートを読むことができます。

Memo

新規ノートを作成する

手順 9 で<新規ノート>をタップすると新しいノートを作成できます。新しいノートでは、写真を貼り付けたり、文字を入れたりすることができます。

第6章 Evernoteとの連携

第6章 Evernoteとの連携

Section 68

Evernoteで名刺を管理しよう

ビジネスの現場では欠かせない名刺ですが、きちんと整理してあっても、外出先で誰かに連絡したいときに見られないと困ります。Evernoteにデータを登録しておけば、外出先でも閲覧できるので便利です。

1 Evernoteで名刺を検索する

1. ScanSnapで名刺をスキャンします。

2. ＜手書きメモをEvernoteに保存＞を選択します。

3. Evernoteに名刺のデータが画像として保存されます。

Memo参照

4. 検索ウィンドウに名刺の中に含まれる言葉を入力します。

5. EvernoteのOCR機能（P.165Memo参照）を使って該当する名刺が表示されます。

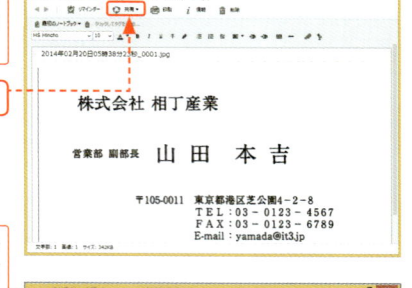

Memo

Evernoteの同期

EvernoteのOCR処理はサーバー側で行われるので、検索をかける場合は、同期されている必要があります。パソコン版Evernoteとサーバーとの同期は標準で30分に1回行われますが、すぐに検索したい場合は、ツールバーの 🔄 をクリックして、手動で同期を行ってください。

2 Evernoteで名刺を管理する

Evernoteに登録した名刺は、タグを付けておけば、会社別や目的別に分類することができるので、より便利になります。

1 Evernote の基本画面で、スキャンした名刺をクリックし、

2 <ノート>をクリックして、

3 <タグ>をクリックします。

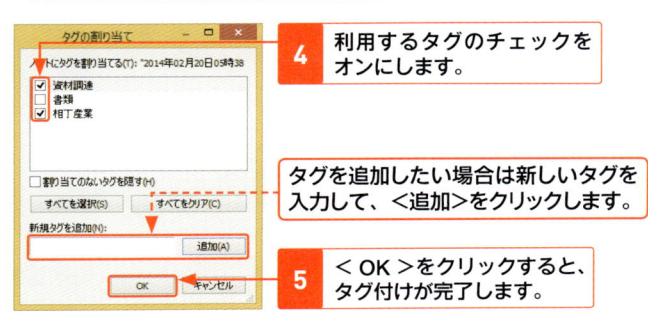

4 利用するタグのチェックをオンにします。

タグを追加したい場合は新しいタグを入力して、<追加>をクリックします。

5 < OK >をクリックすると、タグ付けが完了します。

6 <タグ>の項目をクリックすると、

7 タグ付けをされた名刺が表示されます。

📝 Memo

外出先でスマートフォン版の Evernote を活用する

タグ付けを行っておくと、スマートフォン版の Evernote のトップページから<タグ>をタップすることで、分類した名刺をかんたんに発見することができます。

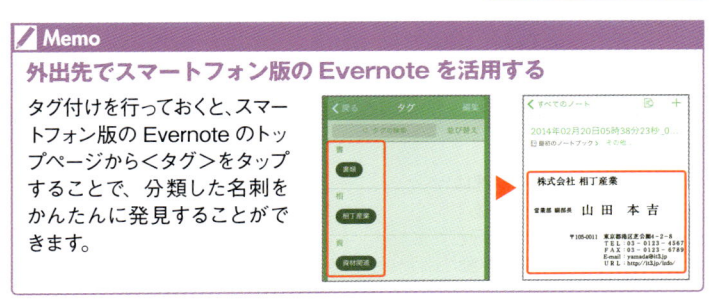

第6章 Evernoteとの連携

163

第6章 | Evernoteとの連携

Section
69

Evernoteで記事をスクラップしよう

ScanSnapを使って新聞記事をスクラップする方法は、Sec.24で解説しました。こうしたスクラップもEvernoteに登録しておけば、溜めこんだデータを出先などさまざまな環境で読むことができて便利です。

1 新聞記事をEvernoteにスクラップする

1 P.36を参考に「Scanボタンの設定」画面を表示します。

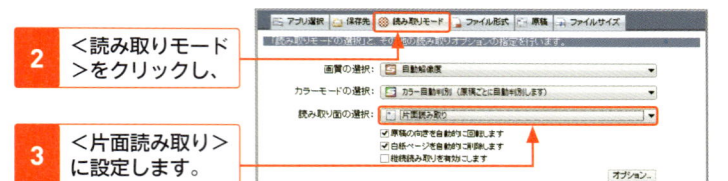

2 <読み取りモード>をクリックし、

3 <片面読み取り>に設定します。

4 <ファイル形式>をクリックし、

5 <PDF>を選択します。

6 <検索可能なPDFにします>のチェックをオンにし、

7 <OK>をクリックします。

8 新聞記事の切り抜きをスキャンします。

9 <ドキュメントをEvernoteに保存>をクリックします。

164

10	スキャンした記事がEvernoteに登録されます。
11	検索ウィンドウに記事内の文字を入力すると、
12	検索語句を含むノートのみが表示されます。
13	ノートをダブルクリックします。
14	拡大表示され、検索語句の部分がハイライト表示されます。

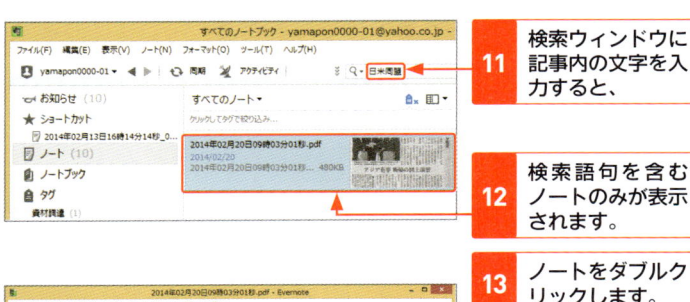

Memo

EvernoteのOCR機能

Evernoteには登録したデータに対し、サーバー側でOCR処理をかけ、文字認識してくれる機能があります。これにより、データ内に含まれる文字に対して検索をかけることができるようになっています。ただしEvernoteの無料アカウントでは、OCRをかけることができるのは画像データのみです。PDFデータ内の文字にOCRをかけたい場合は、有料のプレミアムアカウントにアップグレードする必要があります。なお、ScanSnapで検索可能にしたPDFの場合は、無料版のEvernoteでも検索することができます。

第6章 Evernoteとの連携

第6章 Evernoteとの連携

Section 70

DropboxとEvernoteを使い分けよう

第5章と第6章でDropbox、Evernoteと2種類のクラウドサービスを紹介してきました。どちらも便利なサービスですが、利用するデータによって向き／不向きがあります。特徴を理解してしっかり使い分けましょう。

1 Dropboxを利用するのはこんなとき

Dropboxは、インターネット上のサーバーと、パソコンのフォルダー内の「ファイル」を同期する仕組みです。同期を行うことで「サーバーとパソコンのフォルダーに常に同じファイルが存在する」という状況を作り出します。ファイルを閲覧したり編集するときは、パソコンのフォルダー内のファイルを操作します。閲覧／編集のたびにその都度ダウンロードするわけではないので、処理を高速に行えます。迅速に作業をしたいビジネス用途などに向いています。

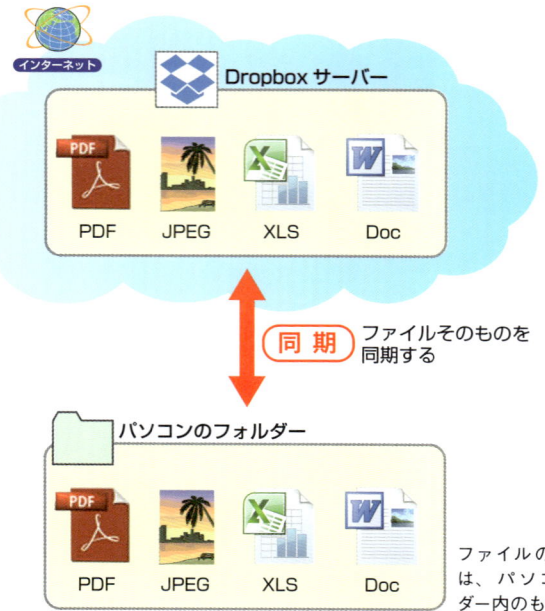

同期　ファイルそのものを同期する

ファイルの閲覧や編集は、パソコンのフォルダー内のものを使用する

2 Evernoteを利用するのはこんなとき

Evernoteは、インターネット上のサーバーに「ノート」を作成します。パソコンなどからアップロードされたPDFやJPEGといったデータは、「ノート内にファイルを貼り付ける」といった形になります。メールの添付ファイルのような取り扱いだと思えばよいでしょう。アップロードしたあと、パソコンやスマートフォンなどから閲覧／編集したい場合は、そのたびにサーバー内のノートにアクセスすることになります。そのため速度はネットの状況によって左右されますが、OCR機能やタグによる分類など、さまざまな便利な機能が利用できます。

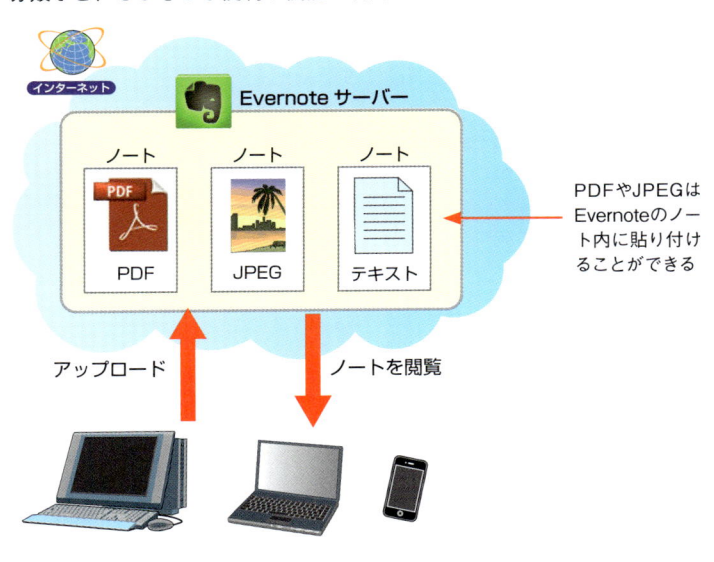

PDFやJPEGはEvernoteのノート内に貼り付けることができる

■DropboxとEvernoteの違い

	Dropbox	Evernote
データの取り扱い	サーバーとパソコンでファイルを同期	サーバー上の「ノート」にデータを貼り付ける
閲覧／編集時の挙動	パソコンのフォルダー内（ローカル）のファイルを操作する	サーバー上のノートにアクセスして中身を閲覧／編集する
ネット非接続時	ローカルのフォルダー内のファイルを閲覧／編集可能	基本的には参照できない（端末にダウンロード済みのものは操作可能）
タグによる分類／整理	×	○
OCRによる検索	×	○
無料版の容量	2GB	無制限（アップロード可能容量は月60MB、1ファイルは25MBまで）

第6章 Evernoteとの連携

第6章 Evernoteとの連携

Section 71 スキャンしたデータを自動でEvernoteに保存しよう

複数の書類をまとめてEvernoteに登録したいときは、クイックメニューをその都度操作するのは面倒です。自動でEvernoteに保存する設定にしておけば、効率的に作業を行えます。

1 ScanSnapのデータを自動でEvernoteに保存する

1. P.36を参考に「Scanボタンの設定」画面を表示します。

2. ＜クイックメニューを使用する＞のチェックをオフにします。

3. ＜アプリ選択＞をクリックし、

4. ここをクリックし、

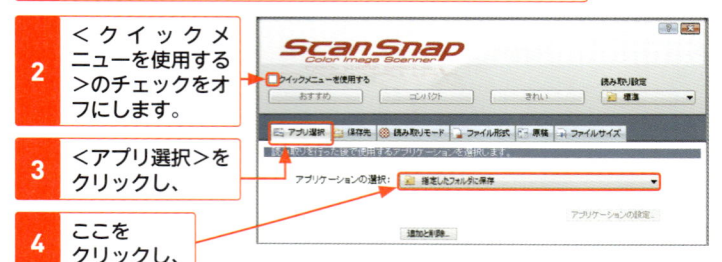

5. PDFで保存する場合は＜ドキュメントをEvernoteに保存＞を、

画像で保存する場合は、＜手書きメモをEvernoteに保存＞を選択します。

6. 手順 1 の画面に戻るので＜OK＞をクリックします。

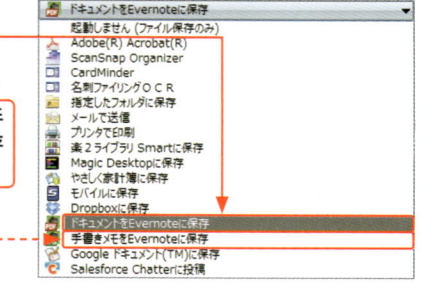

7. ScanSnapでスキャンを行います。

8. クイックメニューが表示されず、Evernoteへの保存が自動で行われます。

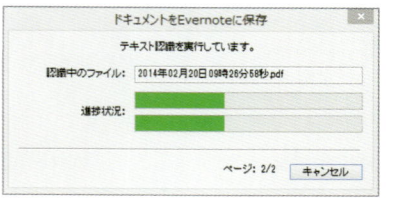

第7章

紙の書籍のデジタル化

- Sec.72 書籍のデジタル化「自炊」とは?
- Sec.73 書籍を裁断しよう [平綴じ本編]
- Sec.74 書籍を裁断しよう [中綴じ本編]
- Sec.75 書籍を裁断するコツを知ろう
- Sec.76 裁断した書籍をスキャンしよう
- Sec.77 スキャンした書籍のPDFファイルを調整しよう
- Sec.78 スキャンした書籍をスマートフォンやタブレットで閲覧しよう
- Sec.79 スキャンした書籍をKindleで閲覧しよう

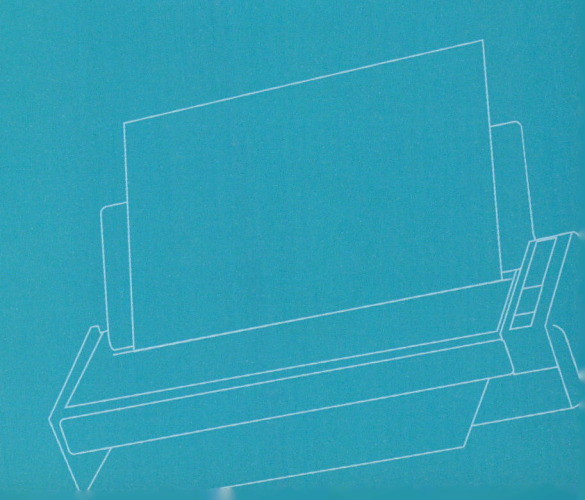

第7章 紙の書籍のデジタル化

Section 72

書籍のデジタル化「自炊」とは?

最近ではKindleやiPadなど、電子書籍に適した環境が充実してきました。それに合わせ、本を自分でスキャンして電子書籍化する、いわゆる「自炊」を行う人が増えています。ここではその自炊について解説します。

1 自炊とは何か?

最近よく目にするようになってきた「自炊」という言葉。これは出版社などがダウンロード販売している「電子書籍」に対し、自分で本を裁断してスキャンし、電子データ化する行為を指します。元々は「自分で吸い出す→自吸い」で、そこから「自吸い→自炊」と呼ばれるようになりました。ScanSnap iX500/S1300iのようなオートドキュメントフィーダ付きのスキャナは、一度に大量のページのスキャンを行えるため、手軽に自炊ができるということで自炊派のユーザーの注目を集めています。

iPadの登場により「電子書籍」の利用者が増えてきました。

Amazonが販売している「Kindle」や、楽天の「Kobo」などの電子書籍専用端末も人気を集めています。

2 自炊の流れ

実際の「自炊」を行う場合、本の形のままだと SV600 以外の ScanSnap ではスキャンが行えません。そこでいったん本の製本部を切り離して、1枚1枚の形状にしてからスキャンを行います。以下の図のようなステップを踏んで、自炊を行います。

自炊の流れ

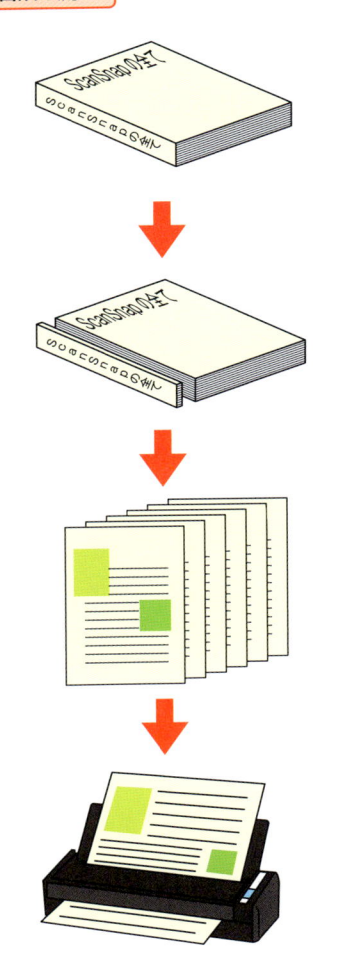

STEP 1

自炊する本を用意します。

STEP 2

裁断機で本の綴じ部分を切り落とします。

STEP 3

ScanSnapで読み込めるように、1枚1枚バラバラの状態にします。

STEP 4

ScanSnapを使ってデジタルデータ化します。

Section 73 書籍を裁断しよう [平綴じ本編]

ScanSnapで自炊を行う際は、本を裁断してから行います。本には大きく分けて「平綴じ」と「中綴じ」があります。平綴じ本の場合は、背表紙の部分を取り除いてから分解し、裁断機にかけるとよいでしょう。

1 背表紙を切り落とす

平綴じ本は、製本用ののりを使い、背表紙にのりづけすることで製本しているものが一般的です。ScanSnapでスキャンするためには、背表紙部分を取り外して、ページをバラバラにする必要があります。

このように背表紙の部分が四角くなっている本を一般に「平綴じ本」と呼びます。

この部分を切り落として分解する

大きめの裁断機なら薄い平綴じ本はそのまま裁断できます。

> **Memo**
>
> **平綴じと無線綴じ**
>
> ここでは背表紙が四角くなっている本を「平綴じ」と書いていますが、平綴じは正確には、本を2～3カ所針金で綴じ、背の部分をのりづけしたものを指します。針金を使わず、製本用ののりで紙を綴じる方式は「無線綴じ」と呼ばれ、平綴じの一種とされています。現在は無線綴じのほうが大部分を占めているため、本書ではわかりやすさを考慮して「平綴じ」と表記しています。

2 分解して裁断する

大きめの裁断機を使えば、薄めの本はそのまま裁断できますが、厚い本は裁断機では切断できません。そこで本を分解して、1冊を数十ページずつ、何回かに分けて裁断を行います。ソフトカバーの平綴じ本は、たいていの場合、接着力の強いのりで製本されています（例外もあります）。アイロンで背表紙を熱し、のりを溶かすと分解できるようになります。アイロンがない場合はホットプレートで代用することも可能です。

1 厚い本の場合は背表紙をアイロンで熱して、のりを溶かします。

2 のりが溶けて柔らかくなっているうちにはがせば、背表紙がきれいに取れます。

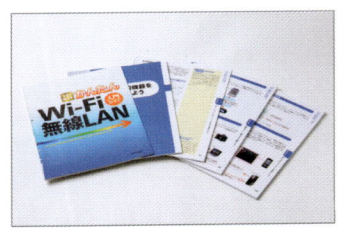

3 裁断機で切断可能なページ数に本を小分けします。

4 のりの付いた背表紙側の部分を裁断機で切り落とします。

第7章 紙の書籍のデジタル化

173

第7章 紙の書籍のデジタル化

Section 74 書籍を裁断しよう [中綴じ本編]

中綴じ本は、本の開いた状態の紙を重ね、中央部分を針金で止めて製本したものを指します。週刊誌や取扱説明書など、薄めの本でよく見られる製本形態です。このような本は針金を外して分解してから裁断します。

1 裁断のポイント

中綴じ本は、紙の中央部分を針金で止め、二つ折りにしたものを指します。

ここで裁断

厚めの本は中央部の針金を外して、小分けにしてから裁断します。

ここで裁断

余白が広く薄い本であれば、背の部分を裁断してもOKです。

174

2 中綴じ本を裁断する

1 中綴じ本を開いて針金を外します。

2 裁断機で裁断できるページ数分に小分けにします。

3 中央部で裁断します。

📝 Memo

中央側と外側の紙幅の違いに注意

中綴じ本の場合、本の構造上、本の中央側よりも外側のほうが紙幅が広くなっています。紙幅が不揃いな状態でScanSnapのガイドに紙をセットすると、ガイドよりも幅が狭い紙をスキャンしている最中に、紙が曲がって画像が歪む可能性があります。これを防ぐためには、一度にスキャンを行わず少ないページ数ずつスキャンを行うようにしましょう。また余白の多い本であれば、紙の両端を裁断して紙幅を揃えるという方法もあります。

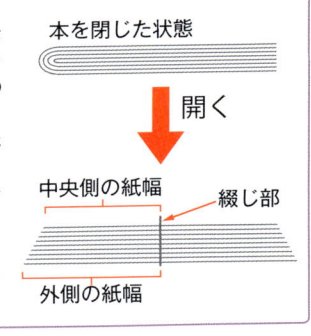

本を閉じた状態

開く

中央側の紙幅

綴じ部

外側の紙幅

第7章 紙の書籍のデジタル化

175

第7章 紙の書籍のデジタル化

Section 75
書籍を裁断するコツを知ろう

書籍の裁断は、慣れていないとうまくいかないこともあります。うまく裁断できないとスキャンにも影響が出てきます。ここでは、書籍別に裁断のコツを紹介します。

1 裁断機を選ぶ

書籍の裁断を日常的に行う場合は、裁断機があると便利です。ページ数が10ページ程度の薄い本であればカッターでも事は足りますが、ちょっとした弾みでページが曲がったりすることも多く、大量の処理には向きません。ただし、裁断機は設置スペースをかなり必要としますし、大量の書籍を裁断するのは手間がかかります。場合によっては業者のサービスを利用するというのも手です。たとえばキンコーズ (http://www.kinkos.co.jp/) では、厚さ1cmまでの本の裁断を1冊100円で行ってくれます。

薄い本であれば小型の裁断機やカッターでも事は足ります。写真はカール事務機の「DC-100N」。一度に切れる紙の枚数は約0.45mm厚の用紙5枚です(http://www.carl.co.jp)。

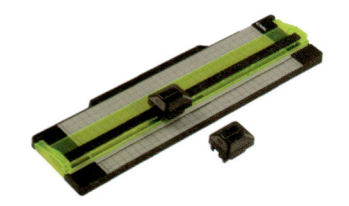

本格的に裁断するのであれば大型の裁断機を導入しましょう。写真はダーレー・ジェーピーエヌの「200DX」。ハンドルを畳んで縦置き収納も可能な製品です(http://www.dahle.co.jp/)。

コンパクトながら高機能な裁断機も発売されています。写真はプラスの「PK-113」。従来の4分の1の力で軽く裁断が行えます。小型かつ軽量なので、家庭での使用に最適です(http://www.plus.co.jp/)。

2 書籍別の裁断テクニック

マニュアルや薄い文庫本であれば、大型の裁断機でそのまま背表紙を落とせます。

背表紙ののりの量が少ない本なら、綴じ部にカッターを入れて分解できます。

ハードカバーの本はカッターで表紙と背表紙を切り取ればかんたんに分解できます。

ハードカバーの本を分解したら、あとは裁断しやすい厚さに小分けに分解します。

第7章 紙の書籍のデジタル化

第7章 紙の書籍のデジタル化

Section 76 裁断した書籍をスキャンしよう

それでは実際に裁断した書籍をスキャンしてみましょう。スキャンの手順は今までと変わりませんが、紙詰まりや紙の重送などのトラブルに気をつけながらスキャンを行いましょう。

1 スキャンの設定を行う

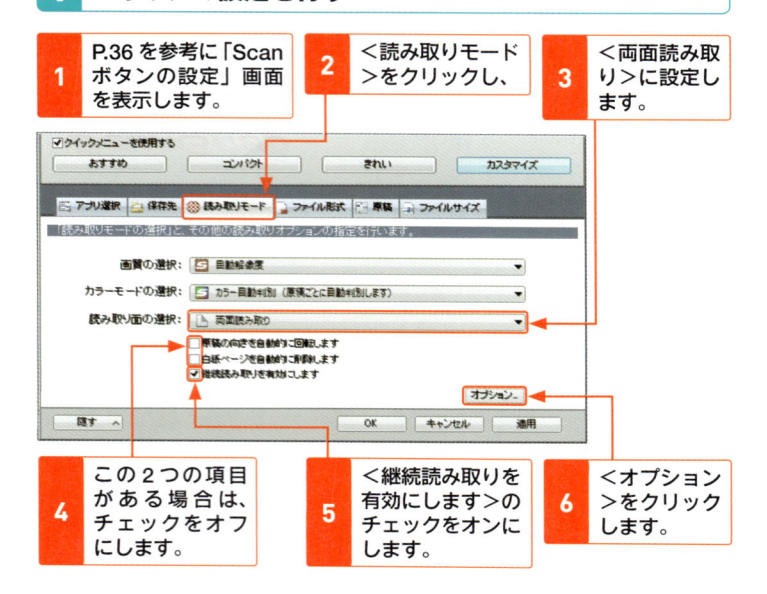

1. P.36を参考に「Scanボタンの設定」画面を表示します。
2. ＜読み取りモード＞をクリックし、
3. ＜両面読み取り＞に設定します。
4. この2つの項目がある場合は、チェックをオフにします。
5. ＜継続読み取りを有効にします＞のチェックをオンにします。
6. ＜オプション＞をクリックします。

> **Memo**
>
> **書籍のスキャン設定のポイント**
>
> 書籍の場合は紙の両面に印刷されている場合がほとんどなので、「両面読み取り」設定にします。原稿の向きは、裁断した原稿の方向が揃っているのであれば、自動回転をオフにしてしまったほうが認識ミスの修正の手間が省けます。活字本の場合、章と章の間に白紙ページが入っている場合もあるので、このようなときは＜白紙ページを自動的に削除します＞の設定はオフにしておくとページ番号がズレません。また裏側のページが透けるのを防ぐため、裏写りの軽減設定をしておきます（次ページ参照）。

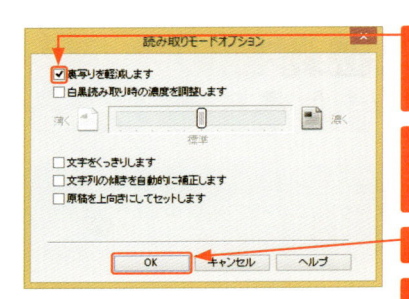

7	iX500、SV600では＜裏写りを軽減します＞のチェックをオンにします。
8	裏写りについての注意書きが表示されるので、目を通し＜OK＞をクリックし、
9	＜OK＞をクリックします。
10	手順 6 の画面に戻るので＜OK＞をクリックします。

2 スキャンを行う

1	ScanSnapに原稿をセットし、＜Scan＞ボタンを押してスキャンを実行します。
2	セットした原稿がスキャンし終わると、このようなメッセージが表示されます。
3	続きの原稿がある場合は、セットして＜継続読み取り＞をクリックします。
4	すべてのスキャンが終了するとPDFファイルが出来上がります。

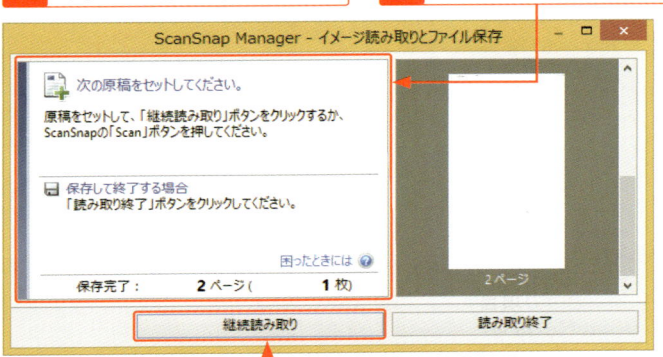

📝 Memo

スキャン前のチェックでトラブルを未然に防ごう

自炊でのスキャンの際によく起きるミスといえば、紙詰まりと重送です。紙詰まりはシートフィーダに紙が詰まってしまう現象で、紙が折れ曲がっていたり、ゴミなどが付着していると起こりがちです。重送は複数ページがいっぺんに吸い込まれてしまうというものです。こうしたトラブルの防止については、P.189を参照してください。

第7章 紙の書籍のデジタル化

Section 77 スキャンした書籍のPDFファイルを調整しよう

書籍を自炊したら、出来上がりを確認してみましょう。不要なページを削除したり、ページ番号を調整すれば、さらに読みやすくなります。ここでは、Adobe Acrobatを利用したPDFファイルの調整方法を紹介します。

1 ページの削除とページ番号の調整を行う

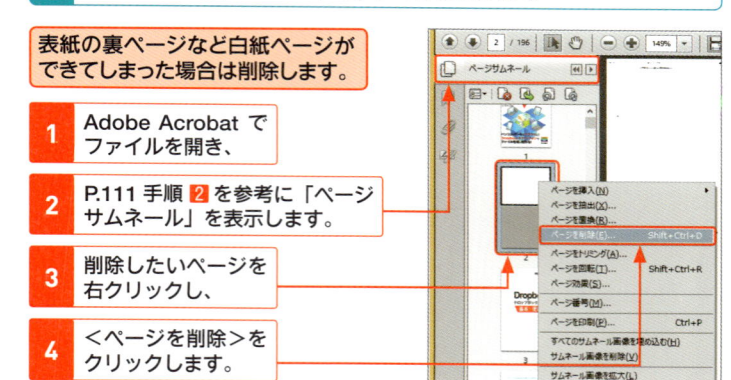

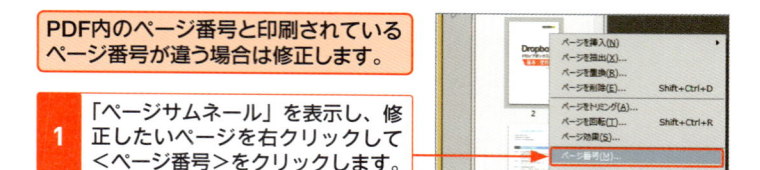

表紙の裏ページなど白紙ページができてしまった場合は削除します。

1. Adobe Acrobatでファイルを開き、
2. P.111 手順 2 を参考に「ページサムネール」を表示します。
3. 削除したいページを右クリックし、
4. <ページを削除>をクリックします。

PDF内のページ番号と印刷されているページ番号が違う場合は修正します。

1. 「ページサムネール」を表示し、修正したいページを右クリックして<ページ番号>をクリックします。
2. 正しいページ番号を入力します。
3. 詳しい設定方法はSec.42を参照してください。

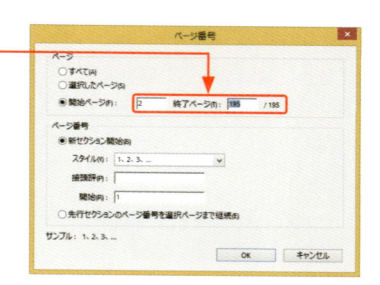

180

2 ページの回転やファイル名の変更を行う

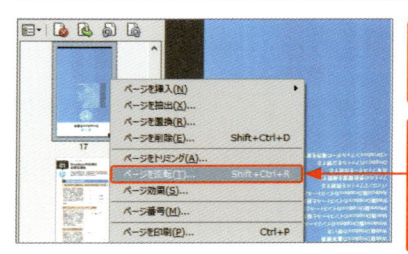

誤って用紙を逆さまにセットしてしまった場合はページの回転を行います。

1 「ページサムネール」を表示し、回転したいページを右クリックして<ページを回転>をクリックします。

2 「方向」を<180°>に設定します。

3 <OK>をクリックするとページが上下逆になります。

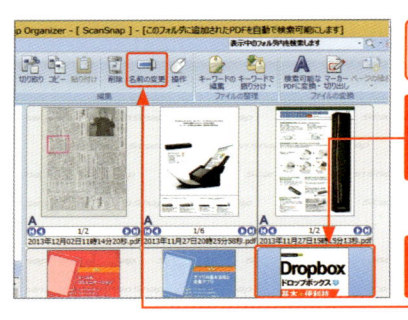

ファイル名を本のタイトルと同じに変更します。

1 ScanSnap Organizer で変更したいファイルをクリックし、

2 <名前の変更>をクリックします。

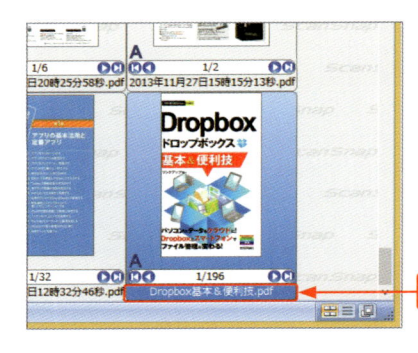

3 ファイル名を入力します。

第7章 紙の書籍のデジタル化

181

第7章 紙の書籍のデジタル化

Section 78

スキャンした書籍をスマートフォンやタブレットで閲覧しよう

自炊した書籍のデータをスマートフォンやタブレットに入れれば、持ち歩いて電車の中など外出先で読むことができます。快適に書籍を読むには「i文庫」というアプリを利用するのがお勧めです。

1 i文庫HDでPDFファイルを読む

ここでは、iPadを例に解説します。iPadではあらかじめApp Storeで「i文庫HD」を、iPhoneでは「i文庫S」を、AndroidではPlayストアで「i文庫 for Android」をインストールしておきます。

1 USBケーブルを使ってiPadをパソコンに接続します。

2 iTunesが起動します。

3 ＜App＞をクリックして、

4 「ファイル共有」で＜iBunko HD＞をクリックします。

5 ＜iBunkoHDの書類＞にPDFファイルをドラッグ＆ドロップして、

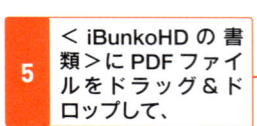

6 ＜同期＞をクリックします。

/ Memo

i文庫HDへのファイル転送

今回はUSBケーブルを使ってiPadにファイルを転送する方法を紹介しましたが、i文庫HDではこれ以外のファイル転送方法もサポートしています。＜フォルダ＞からGoogle DriveやDropbox、OneDriveといったオンラインストレージのファイルをダウンロードしたり、同じく＜フォルダ＞の＜その他＞から＜FTPサーバー＞を選択して無線LAN経由でファイルを転送することができます。またPDFファイル以外にも、JPEG画像の入ったZIPファイルなども、PDFファイルと同様に開くことができます。

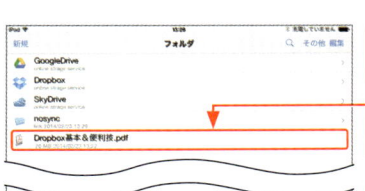

| 7 | 転送が終わったらiPadでi文庫HDを起動します。 |

| 8 | 転送したファイルをタップします。 |

<フォルダ>をタップするとファイルの一覧が表示されます。

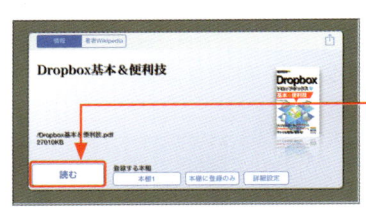

| 9 | <読む>をタップします。 |

| 10 | スキャンしたデータが表示されます。 |

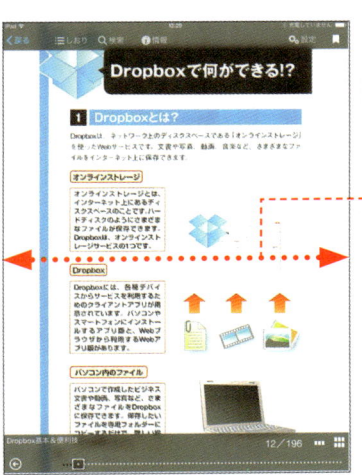

画面をスワイプすることでページめくりが行えます。

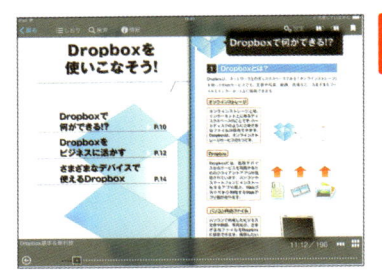

| 11 | iPadを横向きにすると自動で見開き表示になります。 |

第7章 紙の書籍のデジタル化

183

第7章 紙の書籍のデジタル化

Section 79 スキャンした書籍をKindleで閲覧しよう

最近では電子書籍端末として、Amazonが販売している「Kindle」が人気となっています。ここではScanSnapでスキャンした書籍を、Kindle Paperwhiteで読む方法を紹介します。

1 Kindle Paperwhiteで自炊した書籍を読む

Amazon (http://www.amazon.co.jp/) が販売している電子書籍端末「Kindle」は、大きく分けて2種類あります。1つが紙のような質感で表示できるモノクロ版の「Kindle Paperwhite」。もう1つが鮮やかな発色の液晶を搭載するカラー版の「Kindle Fire」です。ここでは、モノクロ版の「Kindle Paperwhite」を使用します。

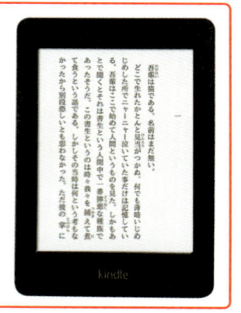

1 Kindle端末をUSBケーブルでパソコンに接続します。

2 パソコンに< Kindle >がドライブとして認識されるので、クリックして内容を表示します。

3 < documents >フォルダーに自炊した書籍をドラッグ＆ドロップでコピーします。

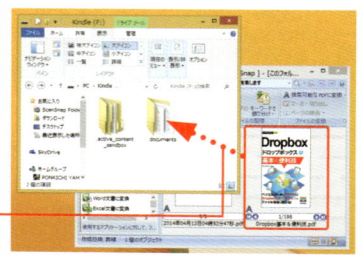

4 コピーした書籍が Kindle の ホーム画面に登録されるので、 タップして開きます。

5 画面に PDF ファイルの内容が表示されます。

6 画面をタップすることでページめくりが行えます（下記 Memo 参照）。

Memo

ページめくりの動作

本が横書きの場合は画面の右側をタップして次のページに移動します。縦書きの本の場合は逆の左側をタップします。

? Hint

USB ケーブルを接続しないで PDF ファイルを転送する

Kindle にファイルを転送するときは、端末を USB ケーブルで接続するほか、メールを使って転送する方法もあります。Kindle 端末には転送専用のメールアドレスが用意されており、「ユーザー名@kindle.com」というメールアドレスにファイルを添付してメールを送れば、そのファイルを読むことができるようになります。端末用のメールアドレスは、Amazon のホームページ（http://www.amazon.co.jp/）から＜アカウントサービス＞→＜My Kindle＞→＜パーソナル・ドキュメント設定＞で確認できます。

こんなときどうする？ ScanSnap FAQ

ここでは、ScanSnapを使っていて出くわしがちな疑問と、その解決方法について紹介します。また、ScanSnapの付属DVD-ROMに含まれている「困ったときには（インストール編）」や「オペレーターガイド」も参考にしましょう。

Q ScanSnapの電源はどうすれば切れるの？

A 給紙カバーを閉じれば電源OFFになります。

ScanSnapでは給紙カバー（用紙をセットする部分）の開閉に電源ON／OFFが連動するようになっています。給紙カバーを閉じれば、手動で電源をOFFにできます。また標準設定では、ScanSnapを使わずに4時間経つと、自動的に電源が切れるようになっています。電源OFFまでの時間は、ScanSnap Managerの「環境設定」で変更することが可能です。一度電源が切れた場合に、もう一度電源を入れ直すときは、＜Scan＞ボタンを押すか、給紙カバーを一度閉じてから開ければOKです。

手動による電源OFF

1. 給紙カバーを閉じると電源がOFFになります（SV600では＜Stop＞ボタンを長押しします）。

設定による電源OFF

1. 通知領域の ⓢ アイコンを右クリックして＜ヘルプ＞→＜環境設定＞をクリックし、
2. ＜電源＞タブをクリックして、
3. ＜電源OFF＞で自動で電源が切れるまでの時間を設定します。

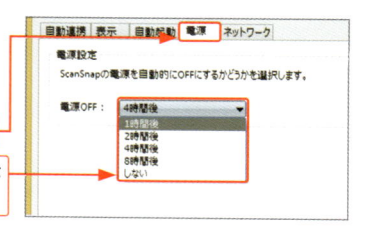

Q スキャンしたデータに線が入るようになった。

A スキャナの読み取り部のガラスを掃除しましょう。

スキャンしたデータに線が入る場合は、原稿に付着した汚れがスキャナの読み取り部に付着してしまった可能性があります。ScanSnap の ADF カバー側と、本体側のガラス全面の汚れを、繊維ゴミの出ない布（メガネのクリーナー布）などでていねいに拭き取ってください。装置内部を清掃する際に水や中性洗剤、エアスプレーなどを使うと、故障の原因となりますので絶対に使わないでください。クリーニング用のウェットティッシュ「FI-C100CW」、クリーナー液「FI-C100CF1」といったメンテナンス用品が販売されているので、しっかり清掃したい場合はこれらの製品を利用するとよいでしょう（下記 Memo 参照）。

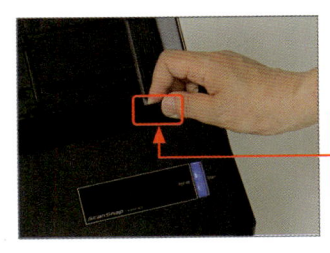

1 ScanSnap iX500 では、「カバーオープンレバー」を手前に引くと、カバーが開きます。

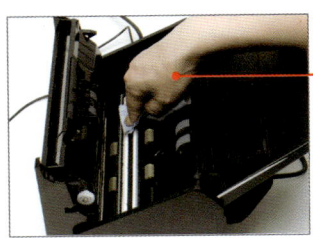

2 カバーが開いたらガラス部の汚れをクリーナー布でていねいに拭き取ります。

📝 Memo

専用のメンテナンス用品を使う

PFU ダイレクト(http://www.pfu.fujitsu.com/direct/) では、ScanSnap シリーズ用のクリーニングウェットティッシュ、クリーナー液が販売されています。

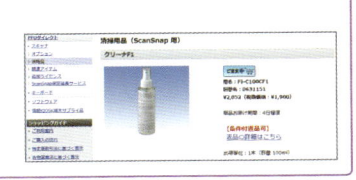

付録 ScanSnap FAQ

187

> **Q** ScanSnap Managerのアイコンが接続状態にならない。
>
> **A** ScanSnapサポートツールを使ってみましょう。

ScanSnap を使っていると、まれに電源を入れても通知領域の「ScanSnap Manager」のアイコンが非接続状態のまま（赤い斜め線が入った状態）になる場合があります。原因は接続不良や機器の故障などさまざまな要因が考えられます。「故障かな？」と慌てる前に、まず ScanSnap の電源を切り、USB ケーブルをつなぎ直してから、もう一度 ScanSnap の電源を ON にしてみてください。また、「ScanSnap サポートツール」を使うことで、接続状態を回復できる場合もありますので試してみましょう。

1 ScanSnap サポートツールを使うときは、まず ScanSnap Manager のアイコンを右クリックして、

2 ＜終了＞をクリックします。

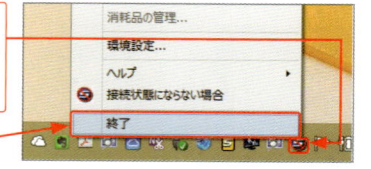

3 Windows 7 以前ならスタートメニュー、Windows 8 以降ならアプリビューから＜ScanSnap サポートツール＞を起動します。

4 ＜修復＞をクリックし、

5 ＜修復＞をクリックします。

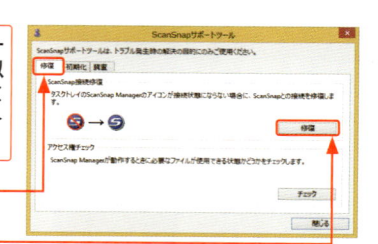

6 このようなメッセージが表示されます。

7 ScanSnap を接続し、電源を ON にします。

8 ＜実行＞をクリックします。

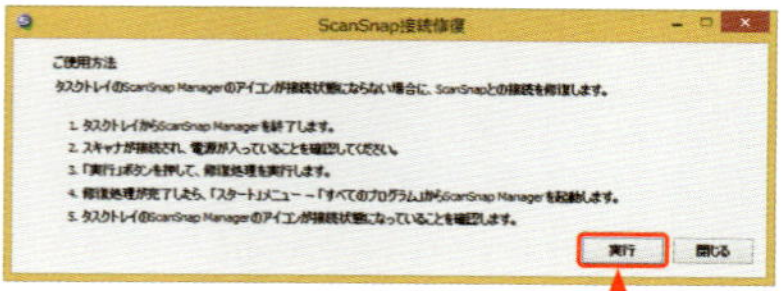

9 修復処理が完了したら、ScanSnap Manager を起動して接続状態を確認します。

Q ScanSnapで紙が詰まる。紙が重なって吸い込まれてしまう。

A 紙と紙がくっつかないように事前にチェック。内部の掃除も忘れずに。

ScanSnapで何枚もの紙をスキャンする際、ときどき紙が詰まったり、複数枚の紙が重なって取り込まれてしまう「重送」が起きることがあります。これらの原因としては、紙と紙が製本用ののりでくっついていたり、汚れが付着していたりといったことが考えられます。スキャンする前に紙をよくさばいて、紙と紙がくっついていないかを確認してください。また一度に大量の紙をスキャンするのではなく、小分けにしてスキャンするのも有効な手段です。1枚1枚、用紙ガイドにセットしていくのもよいでしょう。また長く使っていると、ScanSnapの紙を送るためのローラーにゴミがついてしまう場合があります。これは紙詰まりの原因になりますので、カバーを開けて掃除しましょう。

1 紙同士がくっつかないように事前にきっちりさばいておきます。

2 ローラーにゴミが付着すると紙詰まりの原因となります。

3 カバーを開けて拭き掃除を行うようにしましょう。

Memo

故障したローラー部分の交換

ローラー部分が故障したときは交換することも可能です。PFUダイレクト(http://www.pfu.fujitsu.com/direct/)などでScanSnapの交換用パーツを購入できます。

付録 ScanSnap FAQ

索 引

数字・A～D

200DX	176
A3キャリアシート	82
ABBYY Fine Reader for ScanSnap	77
ADF	2
Adobe Acrobat XI Standard（Acrobat）	102, 104
Android	34, 142, 160, 182
CardMinder	69
DC-100N	176
Dropbox	87, 130, 166, 182
Dropboxフォルダ	130, 135, 139

E～O

e-スキャンモード	92
e-文書法	92
Evernote	87, 148, 166
Excelファイル	68, 77
Foxit J-Reader	128
GoodReader for iPhone	140
Google Drive	182
Google ドキュメント	87
iPad	32, 138, 158, 182
iPhone	32, 138, 158, 182
iTunes	182
i文庫	182
JPEG（形式）	38, 42
JPEG保存	120
Kindle Paperwhite	184
OCR	52, 165
Officeファイル	76
OneDrive	182

P～W

PDF（形式）	38, 42
PDFファイルの一括管理（登録）	64
PFUダイレクト	98, 187
PK-113	176
ScanSnap Connect Application	27, 28
ScanSnap Folder	50
ScanSnap iX500	6, 21
ScanSnap Manager	19, 36, 188
ScanSnap Organizer	23, 24, 52
ScanSnap Organizer ビューア	24
ScanSnap S1100	7, 21
ScanSnap S1300i	6, 21
ScanSnap SV600	7, 21
ScanSnap無線設定ツール	30
SugarSync	87
Wordファイル	76

あ行

アカウント	132, 150
圧縮	114
圧縮率	39
アップロード	153
アプリビュー	20
印刷禁止	124
オートドキュメントフィーダ	2
お気に入り	139
オペレーターガイド	186

か行

回転	54
拡大／縮小	154
画像の加工	79
傾き補正	55
カバーオープンレバー	187
紙詰まり	179, 189
紙幅	175
紙焼き写真	84
キーワード	48, 74, 75, 81
起動アプリ	37
キャビネット	46, 99
給紙カバー	186
共有	145
クイックメニュー	23, 45
クラウドサービス	86
クリーナー液	187
クリーナー布	187
クリーニング用のウェットティッシュ	187
グレースケール	122
蛍光ペン	71

原稿サイズ	39
検索	52
コピー禁止	124

さ行

裁断機	173, 176
削除	47
しおり	118
自炊	170
自動保存	146, 168
重送	179, 189
セキュリティ	124
背表紙	177

た行

タグ	156
注釈	116
手書きメモ	82
テキストのコピー	78
デジタル証明書	89
電源OFF	186
添付ファイルの制限	73
同期	144
ドキュメントスキャナ	2
綴じ方向	108
トリミング	62, 106

な～は行

中綴じ	174
ハイライト	117
ハイライト表示	165
バインダ	98, 99, 100
はがき	94
パスポート	88
パスワード	73, 125, 126
左綴じ	108
平綴じ	172
ファイル形式	38, 43
ファイルの保存先	37, 44
ファイル名	81, 85
ファイル名の変更	47, 181
ファイルを結合	123
フォトギャラリー	90
付属ソフト	20
プレミアムアカウント	150
ページの入れ替え	58
ページの回転	54, 181
ページのコピー	60
ページの削除	56, 180
ページの挿入	57
ページの貼り付け(ペースト)	61
ページ番号	110, 180
保存	146, 152

ま行

マーカー切り出し機能	71
右綴じ	108
無線LAN	30
無線綴じ	172
名刺	66, 162
名刺ファイリングOCR	67
メール送信	68, 73
免許証	88
メンテナンス用品	187
モバイルに保存	26

や行

やさしく家計簿 エントリー2 for ScanSnap	96
余白	62, 106
読み取り設定	36
読み取りモード	38

ら行

楽²ライブラリ Smart with Magic Desktop	98
両面読み取り	178
レシート	96
ローラー	189

■ お問い合わせの例

FAX

1 お名前
技評 太郎

2 返信先の住所またはFAX番号
03-××××-××××

3 書名
今すぐ使えるかんたんmini
ScanSnap 徹底活用技

4 本書の該当ページ
125ページ

5 ご使用の機器とOS
ScanSnap iX500
Windows 8.1 Pro

6 ご質問内容
手順8の画面が
表示されない

今すぐ使えるかんたん mini
ScanSnap 徹底活用技

2014年 6月25日 初版 第1刷発行

著者●芝田 隆広
発行者●片岡 巖
発行所●株式会社 技術評論社
　　　　東京都新宿区市谷左内町 21-13
　　　　電話 03-3513-6150 販売促進部
　　　　　　 03-3513-6160 書籍編集部
編集●オンサイト／田中 秀春
装丁●菊地 哲郎 (Primary inc.,)
本文デザイン●オンサイト
DTP●オンサイト
撮影●蝦名 悟
製本／印刷●図書印刷株式会社

定価はカバーに表示してあります。

落丁・乱丁がございましたら、弊社販売促進部までお送りください。交換いたします。
本書の一部または全部を著作権法の定める範囲を超え、無断で複写、複製、転載、テープ化、ファイルに落とすことを禁じます。

ISBN978-4-7741-6464-9 C3055

Printed in Japan

お問い合わせについて

本書に関するご質問については、本書に記載されている内容に関するもののみとさせていただきます。本書の内容と関係のないご質問につきましては、一切お答えできませんので、あらかじめご了承ください。また、電話でのご質問は受け付けておりませんので、必ずFAXか書面にて下記までお送りください。
なお、ご質問の際には、必ず以下の項目を明記していただきますようお願いいたします。

1 お名前
2 返信先の住所またはFAX番号
3 書名
　（今すぐ使えるかんたん mini
　　ScanSnap 徹底活用技）
4 本書の該当ページ
5 ご使用の機器とOS
6 ご質問内容

なお、お送りいただいたご質問には、できる限り迅速にお答えできるよう努力いたしておりますが、場合によってはお答えするまでに時間がかかることがあります。また、回答の期日をご指定なさっても、ご希望にお応えできるとは限りません。あらかじめご了承くださいますよう、お願いいたします。ご質問の際に記載いただきました個人情報は、回答後速やかに破棄させていただきます。

問い合わせ先

〒162-0846
東京都新宿区市谷左内町 21-13
株式会社技術評論社　書籍編集部
「今すぐ使えるかんたん mini
ScanSnap 徹底活用技」質問係
FAX番号　03-3513-6167

URL：http://book.gihyo.jp